आपके कारोबार, नौकरी
और जीवन को नई ऊँचाइयों
तक पहुँचाने वाला

1% फ़ॉर्मूला

अगले 30 दिनों को अपने जीवन के
सर्वश्रेष्ठ दिन कैसे बनाएँ

आपके कारोबार, नौकरी
और जीवन को नई ऊँचाइयों
तक पहुँचाने वाला

1% फ़ॉर्मूला

अगले 30 दिनों को अपने जीवन के
सर्वश्रेष्ठ दिन कैसे बनाएँ

टॉम कॉनेलन

अनुवाद : डॉ. सुधीर दीक्षित

MANJUL
मंजुल पब्लिशिंग हाउस

MANJUL

मंजुल पब्लिशिंग हाउस

कॉरपोरेट एवं संपादकीय कार्यालय

• द्वितीय तल, उषा प्रीत कॉम्प्लेक्स, 42 मालवीय नगर, भोपाल-462003

विक्रय एवं विपणन कार्यालय

• सी-16, सेक्टर 3, नोएडा, उत्तर प्रदेश - 201301, इंडिया

वेबसाइट : www.manjulindia.com

वितरण केन्द्र

अहमदाबाद, बेंगलुरू, भोपाल, कोलकाता, चेन्नई,
हैदराबाद, मुम्बई, नई दिल्ली, पुणे

टॉम कॉनेलन द्वारा लिखित मूल अंग्रेजी पुस्तक
द *1% सॉल्यूशन फ़ॉर वर्क ऐंड लाइफ़* का हिन्दी अनुवाद

1% Solution - For Work and Life by *Tom Connellan* – Hindi Edition

यह हिन्दी संस्करण 2016 में पहली बार प्रकाशित
12वीं आवृत्ति 2024

ISBN 978-81-8322-700-1

हिन्दी अनुवाद : डॉ. सुधीर दीक्षित

मुद्रण व जिल्दसाज़ी : रेप्रो इंडिया लिमिटेड

विषय-सूची

1

यह परिवर्तन का समय है!

शाम को केन ने अपना कंप्यूटर बंद किया और संतुष्टि से कुर्सी पर टिक गया। यह एक और शानदार दिन था, जिसमें उसने बेहतरीन काम किया था। गलियारे में देखते हुए वह मुस्कराया और उसने अपनी एक सहकर्मी को हाथ हिलाकर विदा दी, जो दरवाज़े की तरफ़ जा रही थी। ऐसे लोगों का आस-पास रहना बेहतरीन था, जिनके साथ वह मिल-जुलकर बहुत अच्छी तरह काम कर सकता था। उसकी नज़रें उस पुरस्कार की ओर गईं, जिसे उसने कुछ समय पहले ही फ्रेम कराकर दीवार पर बाक़ी पुरस्कारों के नज़दीक टाँगा था। उसने याद किया कि हर पुरस्कार मिलते समय उसे कितना अच्छा लगा था - और उसके साथ मिलने वाले प्रमोशन तथा सम्मान भी।

फिर उसने अपनी डेस्क पर अपने परिवार के फ़ोटो देखे। केन का वैवाहिक जीवन बेहतरीन था, एक बेहतरीन महिला के साथ। वे एक दूसरे से प्रेम करते थे और मिलकर बहुत मज़े करते थे - और जब ज़िंदगी में मुश्किलें आती थीं, तो वे एक दूसरे को सहारा देते थे। जहाँ तक बेटे और बेटी की बात थी, उन पर केन को सबसे ज़्यादा गर्व था और उनके आस-पास रहने से हमेशा ख़ुशी मिलती थी। लगभग हमेशा - आख़िर वे बच्चे थे, केन ने मुस्कराते हुए सोचा।

उसने संतुष्टि भरी गहरी साँस ली। वह सौ फ़ीसदी ईमानदारी से कह सकता था कि वह एक ख़ुश इंसान था कि वह संसार के शिखर पर था।

लेकिन यह हमेशा ऐसा नहीं था...

छह महीने पहले केन बड़े बुरे हाल में था। पुराने दिनों की याद आते ही उसके चेहरे की मुस्कान मिट गई। वह और उसकी पत्नी ज़्यादातर समय

एक दूसरे से झगड़ते रहते थे, एक दूसरे के दोष निकालते रहते थे। बच्चे भी उद्दंड होते जा रहे थे और विद्रोही तेवर दिखा रहे थे; स्कूल में भी उनका प्रदर्शन अच्छा नहीं था। अपनी नौकरी में केन बहुत नाख़ुश था। उसे अपनी नौकरी जोखिम में नज़र आती थी और हर दिन कम से कम दो सहकर्मियों से उसका झगड़ा हो जाता था।

उसे ज़रा भी नहीं पता था कि वह इस बुरे हाल में कैसे पहुँचा। बस एक दिन उसने ख़ुद को वहाँ पाया। अपने मित्रों, परिवार वालों और सहकर्मियों को देखने पर उसे अहसास हुआ कि वह अकेला ही नहीं था; दरअसल बहुत से लोग उतने ही बुरे हाल में थे। उनमें से किसी को भी यह नहीं पता था कि वह वहाँ कैसे पहुँचे। कुछ को तो यह अहसास भी नहीं था कि वे वहाँ थे। केन ने सोचा कि क्या जीवन का यही मतलब है, क्या ज़िंदगी ऐसी ही होती है।

लेकिन दिल की गहराई में, किसी कोने में अब भी आशा की चिंगारी थी कि ज़्यादा हासिल करना, ज़्यादा बनना संभव है।

अचानक केन के चेहरे पर मुस्कान लौट आई, जब उसने अपने जीवन के महत्त्वपूर्ण मोड़ को याद किया।

•••●•••

शनिवार की सुबह केन उस सीज़न में अपने बेटे जैक का पहला फ़ुटबॉल मैच देख रहा था। वे लोग उस टीम के ख़िलाफ़ खेल रहे थे, जिसने उन्हें पिछले साल काफ़ी हराया था, इसलिए उसे यह उम्मीद नहीं थी कि जैक की टीम शानदार जीत हासिल करेगी - लेकिन अपने बेटे को खेलते देखने पर उसे हमेशा गर्व महसूस होता था। वैसे उस दिन वह थोड़ी उधेड़बुन में था और उतने उत्साह से समर्थन नहीं कर रहा था, जितना कि अमूमन करता था। नौकरी में उसका सप्ताह हमेशा जितना ही मुश्किल रहा था और उसके दिमाग़ में बार-बार वहीं की चिंताएँ और समस्याएँ घूम रही थीं।

जब मैच थोड़ा आगे बढ़ा, तो अचानक उसे अहसास हुआ कि उसके आस-पास के अभिभावकों की उत्साहवर्धक आवाज़ें - "बहुत बढ़िया!" "शाबाश!" ज़्यादा तेज़, ज़्यादा रोमांचित होती जा रही थीं। स्कोर बराबरी पर

था; गेंद जैक की टीम के पास थी और यह गोल के क़रीब पहुँच चुकी थी।

केन ने देखा कि इस मैच में उसके बेटे की टीम ने गेंद पर बहुत ज़्यादा नियंत्रण रखा था। कुछ तो था, जो पिछले साल से अलग लग रहा था। जैक की टीम ज़्यादा एकाग्र थी और कोच के निर्देशों का ज़्यादा अच्छी तरह पालन कर रही थी। वे लोग ज़्यादा एकजुटता से खेल रहे थे, प्रबल टीम भावना से खेल रहे थे। हालाँकि वे अब भी बच्चे थे - कई बार तो वे मैदान में इधर से उधर जाते और गेंद के चारों ओर झुंड बनाते अमीबा जैसे लगते थे - लेकिन इस बात से इंकार नहीं किया जा सकता था कि वे पहले से ज़्यादा फुर्तीले थे और पहले से बेहतर खेल रहे थे।

जैक की टीम में कोई ख़ास बदलाव नहीं हुए थे। उसमें अब भी आस-पड़ोस के वही लड़के थे, जिनके साथ वह कुछ सालों से खेल रहा था। बेशक वे सब एक साल बड़े हो गए थे, लेकिन दूसरी टीम के लड़के भी एक साल बड़े हो गए थे। केन ने दूसरी टीम पर निगाह डाली और देखा कि उसमें भी कमोबेश वही लड़के खेल रहे थे, जो पिछले साल थे। दूसरी टीम का कोच अब भी वही था, जो मैदान के विपरीत छोर पर खड़ा था। बेशक उसके चेहरे पर हैरानी का भाव था, जो केन ने पहले कभी नहीं देखा था, लेकिन वह निश्चित रूप से वही कोच था।

केन ने याद करने की कोशिश की कि क्या जैक ने उसे बताया था कि उनकी टीम में कोई नया कोच आया है। उसे याद नहीं आया। उसने एक पल के लिए मैदान से दूर देखा; हाँ, निश्चित रूप से यह कोच जिम ही थे, जो मैदान के बाहर बैठे थे, जहाँ वे हमेशा रहते थे।

फिर केन ने दूसरी निगाह डालने के लिए धीरे से अपना सिर घुमाया। ये जिम ही थे - लेकिन कुछ बदले-बदले लग रहे थे। मैदान में खेलते लड़कों की तरह ही वे भी ज़्यादा प्रेरित, ज़्यादा एकाग्र नज़र आ रहे थे। उनके व्यक्तित्व में ऐसा कुछ था - उनके हाव-भाव में एक ऐसा आत्मविश्वास नज़र आ रहा था, जो पहले नहीं दिखता था।

फिर अचानक मैच के अलावा हर चीज़ केन के दिमाग़ से काफूर हो गई। वह दूसरे अभिभावकों के साथ उछलकर खड़ा हो गया, तालियाँ बजाने लगा और उत्साहवर्धक आवाज़ें निकालने लगा, जब जैक ने अपनी टीम के साथी को पास दिया, जो सही स्थिति में आया... और उसने गोल कर दिया।

जैक की टीम ने मैच जीत लिया। मैच ख़त्म होने पर केन और बाक़ी अभिभावक टीम को बधाई देने लगे। उन्होंने दूसरी टीम के साहस और प्रयास के लिए उनकी प्रशंसा भी की। विजय के उल्लास में काफ़ी शोर-शराबे वाला माहौल था। जूस - बॉक्स और कुकीज़ थमाने का दौर शुरू हो गया। इस दौरान केन की नज़रें कोच जिम की नज़रों से मिलीं। वह उनसे हाथ मिलाने के लिए उनके पास गया।

"कोच, बधाई और धन्यवाद। मेरा बेटा जैक तो बहुत बढ़िया खेलने लगा है। बाक़ी सभी लड़के भी। ईमानदारी से कहूँ, तो सुधार आश्चर्यजनक है," केन ने कहा।

कोच जिम हल्के से मुस्कराए और बोले, "लड़के आज यक़ीनन बहुत बढ़िया खेले। उन्होंने जमकर अभ्यास किया और अपना सब कुछ झोंक दिया। मुझे उन पर बहुत नाज़ है।"

"मुझे भी नाज़ है!" केन ने कहा। फिर वह जैक की ओर मुड़ा, जो उसी समय अपनी टीम के साथियों से पल भर के लिए अलग हुआ था। केन ने झुककर उसे गले लगाते हुए कहा, "वाह, वाह, आज तो तुमने कमाल ही कर दिया!" इसके बाद जैक तुरंत ही दौड़कर अपनी टीम के साथियों के साथ जश्न मनाने चला गया।

"आपका रहस्य क्या है, कोच?"

"ओह," जिम ने कहा, "मुझे लग ही रहा था कि आप मुझसे ऐसी ही कोई चीज़ पूछने वाले हैं। मुझे लग रहा था कि आपके दिमाग़ में कोई न कोई उधेड़बुन चल रही है।"

"ऐसा लगता है, जैसे इस साल कोई चीज़ अलग है। मैं नहीं जानता कि आपने क्या किया है, लेकिन टीम - वे सभी बहुत ज़्यादा बेहतर हैं।"

जिम ने कहा, "धन्यवाद, वे बेहतर प्रदर्शन कर रहे हैं।"

"वैसे सिर्फ़ यही बात नहीं है," केन एक पल के लिए ठहरा और फिर कोच से नज़रें मिलाते हुए बोला। "देखिए, मुझे उम्मीद है आप बुरा नहीं मानेंगे, लेकिन सिर्फ़ लड़के ही नहीं - *आप* भी अलग दिखते हैं।"

"मैं बिलकुल बुरा नहीं मानूँगा," जिम ने कहा और अब वे खुलकर

मुस्करा रहे थे। "केन, आपकी बात सही है। *मैं* पिछले साल इस वक़्त जैसा था, उससे अब मैं एक अलग इंसान हूँ।"

जिम ने मुड़कर भीड़ से थोड़ी दूर एक पेड़ के नीचे रखी बेंच की ओर इशारा किया और कहा, "आपके पास बातचीत करने के लिए एक मिनट का समय है, केन? मैं पिछले सीज़न से एक तरह की यात्रा पर हूँ और मैं सोचता हूँ कि मैंने रास्ते में जो सीखा, उसमें आपकी रुचि होगी।"

थोड़ा चकराते हुए केन ने सिर हिलाया और कोच के पीछे-पीछे चल दिया, जो अपनी टीम के एक लड़के से जश्न के अंदाज़ में हाथ टकराने के लिए पल भर रुके और दूसरे अभिभावक से हाथ मिलाने के लिए भी।

जब वे भीड़ से दूर जाकर बैठ गए, तो जिम ने कहा, "मेरा जीवन ठीक-ठाक चल रहा था। बेहतरीन नहीं, भयंकर नहीं, बस ठीक-ठाक। लेकिन मेरे अंदर यह कचोटने वाला भाव था कि मैं अपनी ज़िंदगी के साथ ज़्यादा कर सकता था।"

"बच्चों को कोचिंग देने में मुझे हमेशा उपलब्धि का बेहतरीन अहसास मिलता है, इसलिए मैंने मन में सोचा कि मैं यहीं शुरुआत करूँगा। मैं इन बच्चों की मदद करूँगा, ताकि वे अपनी क्षमता के अनुसार सर्वश्रेष्ठ खिलाड़ी बन सकें।"

"मेरे हिसाब से मुझे पहली बात तो यह सीखनी थी कि कौन सी चीज़ है, जो सर्वश्रेष्ठ खिलाड़ियों को बाक़ी खिलाड़ियों से ऊपर उठाती है। मेरे लिए ओलिंपिक्स उत्कृष्टता का परम इम्तहान हैं। ओलिंपिक खिलाड़ी इतने अच्छे होते हैं कि उन्हें देखकर मैं शीर्ष प्रतिस्पर्धियों के बीच फ़र्क़ नहीं बता सकता - क्या आप बता सकते हैं?"

केन ने कहा, "आप मज़ाक़ तो नहीं कर रहे हैं? वे सब शुरुआती रेखा पर खड़े होते हैं और कुछ सेकंड में ही दौड़ ख़त्म हो जाती है।"

"मुझे वह रोमांच याद है, जब मैं टोरिनो में आयोजित 2006 विंटर ओलिंपिक्स में पुरुषों की स्कीइंग टी.वी. पर देख रहा था, क्योंकि यह काँटे की टक्कर का मामला था," जिम ने आगे कहा। "इसलिए मैंने पलटकर परिणामों को देखा। केन, पहले और चौथे स्थान के बीच का फ़र्क़ - यानी कि स्वर्ण पदक और कोई पदक *नहीं* के बीच का फ़र्क़ - सिर्फ़ 1.08 सेकंड

या 0.9 प्रतिशत था।"

हैरानी में केन के मुँह से सीटी की आवाज़ निकल गई। कोच जिम ने आगे कहा, "देखिए, इससे मैं सोचने पर मजबूर हो गया। मैं ओलिंपिक के उन खेलों के परिणाम का विश्लेषण करने लगा, जिनमें गति, दूरी या वज़न का वस्तुपरक पैमाना लागू किया जा सकता था। मैं देर रात तक गणनाएँ करता रहता था कि कौन सी चीज़ है, जो पदक विजेताओं को बाक़ी लोगों से अलग करती है। ज़ाहिर है, इससे मेरी पत्नी पगला गई, जब तक कि मैंने उसे वह नहीं बताया, जो मैंने सीखा था। वह एक शिक्षिका है, इसलिए वह सोचती थी कि वह उत्कृष्टता को नापने के बारे में सब कुछ जानती है। देखिए, मैंने जो खोजा, उससे उसके भी होश उड़ गए।"

केन ने अपनी भौंहें उठाईं और उम्मीद में आगे झुक गया।

"केन, चाहे यह तैराकी हो, एथलेटिक्स हो - या चाहे जो प्रतिस्पर्धा हो - स्वर्ण पदक जीतने वाले और चौथे स्थान पर आने वाले के बीच का औसत अंतर सिर्फ़ 1 प्रतिशत होता है।"

"कई बार यह थोड़ा ज़्यादा होता है। साल्ट लेक सिटी में 2002 के विंटर ओलिंपिक्स में पुरुषों की 5,000 मीटर की रिले रेस चल रही थी। इसमें कनाडा ने 6 मिनट 51 सेकंड में स्वर्ण पदक जीता, जबकि अमेरिका 7 मिनट 30 सेकंड के साथ चौथे स्थान पर आया - लगभग 2.9 प्रतिशत का फ़र्क़। लेकिन क्या आप जानते हैं? दूसरे, तीसरे और चौथे स्थान पर आने वाली सभी टीमें रेस में किसी न किसी बिंदु पर गिरी थीं। गिरने के बावजूद स्वर्ण पदक और कोई पदक नहीं के बीच का अंतर सिर्फ़ 2.9 प्रतिशत था।"

"कई बार तो अंतर 1 प्रतिशत से भी कम होता है। 2008 के बीजिंग गेम्स में पुरुषों की 100 मीटर की बटरफ़्लाई रेस में माइकल फ़ेल्प्स पीछे चल रहे थे - वे आठ तैराकों में सातवें स्थान पर थे - मगर अंतिम 50 मीटर में एक उल्लेखनीय बात हुई : वे अपने और सबसे आगे चल रहे सर्बिया के मिलोरैड केविक के बीच के पाँच तैराकों से आगे निकलने में कामयाब हुए।"

केन ने सिर हिलाया; उसे वह बहुत तनावपूर्ण और रोमांचक अंतिम पल याद था।

"ऐसा नज़र आ रहा था कि केविक ने फ़ेल्प्स से पहले दीवार छू ली

थी। जब फ़ेल्प्स ने आधे-स्ट्रोक के साथ रेस ख़त्म की, तो वे भी यही सोच रहे थे कि जीत केविक की ही हुई है। लेकिन बाद में यह पता चला कि उस आधे स्ट्रोक ने फ़ेल्प्स को ज़्यादा तेज़ी से दीवार तक पहुँचा दिया था। वे 50.58 सेकंड में पहुँचे थे, जबकि केविक 50.59 सेकंड में पहुँचे थे।"

"ज़रा एक मिनट ठहरें..." केन ने मन ही मन हिसाब लगाया। "फ़ेल्प्स ने एक सेकंड के सौवें हिस्से से स्वर्ण पदक जीता था?"

"हाँ। इतनी तेज़ी से तो आप पलक भी नहीं झपका सकते। स्वर्ण पदक और रजत पदक के बीच का फ़ासला सिर्फ़ 0.002 प्रतिशत था। स्वर्ण पदक को कोई-पदक-नहीं से अलग करने वाला फ़ासला कितना था?" जिम ने पूछा। "देखिए, जो तैराक चौथे स्थान पर आया था, वह फ़ेल्प्स के 0.15 सेकंड बाद आया था, यानी एक प्रतिशत का ठीक एक तिहाई।"

केन ने एक और उदाहरण के बारे में सोचा : "क्या आपने बीजिंग में महिलाओं की 100 मीटर की बाधा दौड़ देखी थी? मैं उसे कभी नहीं भूल पाऊँगा - मेरी नज़रों से यह बिलकुल बराबरी की लग रही थी।"

"मैंने उसका भी अध्ययन किया है," जिम ने जवाब दिया। "आप जानते हैं, पहले और सातवें स्थान वाली धावकों के बीच कितना अंतर था? यह एक सेकंड का 18/100 था।"

"इससे हम यह आधारभूत संदेश सीख सकते हैं : जब आप औसत निकालते हैं, तो असाधारण और *असाधारण रूप से* असाधारण के बीच का फ़र्क़ सिर्फ़ 1 प्रतिशत होता है।"

"एक प्रतिशत... बस इतने की ही ज़रूरत होती है?" केन ने पूछा। उसे एक पल के लिए अपने भीतर वह छोटी चिंगारी सुलगती महसूस हुई। "यक़ीन नहीं होता कि यह इतना शक्तिशाली है," वह बोला। फिर जब उसकी निगाह कीचड़ और घास से सने बच्चों पर गई, तो उसे अपनी मुस्कराहट रोकनी पड़ी। "कोच, कहीं ऐसा तो नहीं कि आप भी जल्द ही ओलिंपिक में जाने की योजना बना रहे हैं?"

इस कटाक्ष से जिम ज़रा भी विचलित नहीं हुए। "केन, आप कभी ओलिंपिक खिलाड़ी नहीं बन पाएँगे। मैं भी कभी ओलिंपिक खिलाड़ी नहीं बन पाऊँगा। ये बच्चे भी शायद कभी ओलिंपिक खिलाड़ी नहीं बन पाएँगे।

हम लोग शायद ओलिंपिक खिलाड़ी - या अगले बिल गेट्स, वेन ग्रेट्ज़्की, ओपरा, वॉरेन बफ़े, बॉबी फ़िशर, लेब्रॉन जेम्स या मोज़ार्ट - बनने नहीं जा रहे हैं। हम जैसे लोगों के लिए असल मुद्दा यह है कि इस 1 प्रतिशत का हमारे लिए क्या महत्त्व है?"

"मैं जानता था कि मैं चाहे जो कर लूँ, हमारी टीम बाक़ी टीमों की तुलना में 100 प्रतिशत बेहतर कभी नहीं बन सकती। लेकिन 1 प्रतिशत? हम सभी सैकड़ों चीज़ों में 1 प्रतिशत बेहतर तो बन ही सकते हैं।"

"आप इस बारे में वाक़ई गंभीर हैं, है ना?" केन ने कहा। उसे अचानक कोच की ओलिंपिक आकांक्षाओं के बारे में अपनी छिछोरी टिप्पणी पर अफ़सोस होने लगा।

"जब मैंने एक प्रतिशत के फ़ॉर्मूले का रहस्य खोज लिया, तो मेरे सामने नई संभावनाओं का एक पूरा संसार खुल गया। इस बारे में सोचें : मैंने फ़ैसला किया कि मैं इन बच्चों को खेल भावना, टीमवर्क, संप्रेषण, लगन, खेल संबंधी बुनियादी योग्यताओं और जीवन संबंधी सभी तरह की योग्यताओं में एक प्रतिशत बेहतर बनने का प्रशिक्षण दूँगा - और मैं सोचता हूँ कि आज के परिणाम ने साबित कर दिया कि यह कारगर था। कल्पना करें कि एक प्रतिशत का फ़ॉर्मूला आपके लिए, मेरे लिए, किसी के लिए भी कितना कुछ कर सकता है, बशर्ते वह सिर्फ़ 1 प्रतिशत बेहतर बनने का समर्पण कर दे।"

हम सभी सैकड़ों चीज़ों में 1 प्रतिशत बेहतर बन सकते हैं।

"मैं नहीं जानता, कोच। मुझे तो लगता है कि कुछ चीज़ों में तो 1 प्रतिशत बेहतर बनने में भी बहुत सारा प्रयास लगता है, लेकिन इसके बावजूद आपके पास कोई गारंटी नहीं होती कि आप अव्वल ही आएँगे," केन ने कहा। "लोग सिर्फ़ स्वर्ण पदक जीतने वालों को ही याद रखते हैं, है ना?" उसने आह भरी। "कई बार तो ऐसा लगता है कि अगर आप रिकॉर्ड नहीं तोड़ सकते, तो ज़्यादा कड़ी कोशिश करने की कोई प्रेरणा ही नहीं होती है।"

"आपके लिए मेरे पास एक और उत्कृष्ट खेल मिसाल है, केन," जिम ने कहा।

"मुझे पता था आपके पास होगी," केन ने मुस्कराते हुए कहा।

"ठीक है, मैं यहाँ से 1990 तक पीछे जा रहा हूँ, न्यूज़ीलैंड में आयोजित एक आइरनमैन प्रतिस्पर्धा में। इसमें 2.4 मील की तैराकी, 112 मील की साइकल दौड़ और 26 मील की दौड़ होती है। आप सोचेंगे कि कई प्रतिस्पर्धियों के बीच घंटों का नहीं, तो कम से कम कुछ मिनट का तो अंतर होगा।"

"मेरे मामले में तो दिनों का भी हो सकता है," केन ने मज़ाक़ किया।

"देखिए, केवल एक सेकंड का अंतर था। फ़िनलैंड के धावक पॉली किवोरो दूसरे स्थान पर आने वाले अमेरिकी धावक केन ग्ला से सिर्फ़ एक सेकंड आगे रहे। यहाँ सचमुच दिलचस्प बात यह है कि प्रतिस्पर्धा के जज़्बे की वजह से ग्ला अब भी यह मानते हैं कि यह दूसरा स्थान उनके खेल करियर के सबसे यशस्वी पलों में से एक था।"

"मेरा अनुभव यह है कि प्रतिस्पर्धा की भावना और यह यात्रा अक्सर जीत-हार की धारणा से बड़ी होती है। हो सकता है कि आप सारे समय न जीतें, लेकिन अगर आप आज बीते कल से बेहतर करने की कोशिश हमेशा करते रहें, तो आपके पास हर समय विजेता का दिल रह सकता है।"

"मेरा दृढ़ विश्वास है कि हर कोई महान नहीं बन सकता, लेकिन हर कोई इस समय जहाँ भी है, उससे बेहतर ज़रूर बन सकता है।"

जिम ने केन को एक पल दिया, ताकि यह बात उसके दिमाग़ में घुस जाए, और फिर आगे बोले। "क्या आपको ओलिंपिक का आदर्श वाक्य याद है?" केन ने अपना सिर हिलाया और कोच ने अपने ख़ुद के सवाल का जवाब दिया : "यह है *किटियस, आल्टियस, फ़ोर्टियस*।"

हर कोई महान नहीं बन सकता, लेकिन हर कोई इस समय जहाँ भी है, उससे बेहतर ज़रूर बन सकता है।

"उह, मेरी लैटिन ज़रा कमज़ोर है।"

"ज़्यादा तेज़, ज़्यादा ऊँचा, ज़्यादा शक्तिशाली। ग़ौर करें, यह इसे इस तरह *नहीं* कहता है 'सबसे तेज़, सबसे ऊँचा, सबसे शक्तिशाली।' यह कहता है 'ज़्यादा तेज़, ज़्यादा ऊँचा, ज़्यादा शक्तिशाली।' इसका मतलब है हर दिन बेहतर बनने के लिए काम करना।"

केन उठकर खड़ा हो गया और बेंच के सामने चहलक़दमी करने लगा - वह अब इतना उत्तेजित महसूस कर रहा था कि स्थिर बैठने का कोई सवाल ही नहीं था। उसका दिमाग़ दौड़ रहा था कि वह इस एक प्रतिशत के फ़ॉर्मूले का इस्तेमाल अपने जीवन में किन-किन तरीक़ों से कर सकता है। वह अचानक रुका और जिम की ओर मुड़ा : "क्या यह फ़ॉर्मूला करियर पर भी लागू होता है?"

"बिलकुल होता है। हो सकता है कि आप सेल्स प्रतिनिधि हों या मार्केटिंग करते हों या शायद मैनेजर हों - ठीक है, आप कभी भी किसी अन्य सेल्स प्रतिनिधि, मार्केटिंग वाले व्यक्ति या मैनेजर से 100 प्रतिशत आगे नहीं पहुँच पाएँगे। दरअसल, आप इसकी कोशिश में ही हताश हो जाएँगे। लेकिन आप ख़ुद जिस तरह काम करते हैं, उसके सैकड़ों पहलुओं में 1 प्रतिशत बेहतर बन सकते हैं। जैसा कि हम देख चुके हैं, 1 प्रतिशत से ही आपको एक असंदिग्ध लाभ मिल जाता है।"

"तो आप कह रहे हैं कि यह किसी भी करियर के लिए सच है? रीटेल, आईटी, फ़ाइनैंस -"

"आपके जीवन के हर उस पहलू के लिए भी, जिसे आप बेहतर बनाना चाहते हैं। मैंने देखा है कि इसकी मदद से लोगों ने अपनी गोल्फ़ स्विंग और सैक्सोफ़ोन वादन को बेहतर बनाया है, वज़न कम किया है, फ़िट हुए हैं... यहाँ तक कि अपने पारिवारिक जीवन को भी बेहतर बनाया है।" केन की आँखों का भाव देखते हुए कोच ने धीरे से जोड़ा, "कम से कम इस मामले में हर व्यक्ति इससे फ़ायदा उठा सकता है।"

फ़ुटबॉल देखने आए दर्शकों की भीड़ कम होने लगी थी। पार्किंग में कारों के दरवाज़े बंद हो रहे थे और बच्चों की चिल्लाहटें भी धीमी हो रही थीं। "चलें, हम अपनी कार तक चलते-चलते इस बारे में कुछ और बात करते हैं," जिम ने कहा।

चलते समय केन ने पूछा, "ठीक है, तो आपने यह पता लगा लिया कि आपको टीम को 1 प्रतिशत बेहतर बनाने की ज़रूरत है - लेकिन निश्चित रूप से यह इतना सरल तो नहीं रहा होगा। आपको यह कैसे पता चला कि शुरू कहाँ करना है?"

"मैं यह पता लगाने की कोशिश कर रहा था कि मैं क्या कर सकता हूँ, इस दिशा में कैसे काम कर सकता हूँ। इसके बाद एक दिन मैं अपने एक मित्र से बातचीत कर रहा था। वह शीर्षस्थ सेल्स एक्ज़ीक्यूटिव है - अगर ओलिंपिक में बेचने की प्रतिस्पर्धा होती, तो स्वर्ण पदक उसी को मिलता। मैंने उसे अपना विचार बताया और उससे पूछा कि मैं उससे क्या सीख सकता हूँ, क्योंकि वह अपने काम में इतना ज़्यादा सफल है।" जिम ने जान-बूझकर केन से नज़रें मिलाईं। "मेरे मित्र ने मुझसे कहा कि जिम, अब समय आ गया है।"

"समय आ गया है?" केन ने सवालिया अंदाज़ में पूछा।

"मैं आपको एक ऐसी बात बताने जा रहा हूँ, जो केवल चंद लोग ही जानते हैं, क्योंकि मुझे यह अहसास हो रहा है कि आपके लिए भी समय आ गया है।"

"मेरे उस मित्र ने मेरा परिचय लोगों के एक अविश्वसनीय समूह से कराया, जिन्होंने उत्कृष्टता हासिल करने में अपनी ज़िंदगी लगा दी है। उनसे मिलकर मैं हैरान रह गया, क्योंकि यह पता चला कि वे पहले से ही उस सिद्धांत के अनुसार जी रहे थे, जिसे मैंने ओलिंपिक परिणामों के शोध में खोजा था।"

मैं आपको एक ऐसी बात बताने जा रहा हूँ, जो केवल चंद लोग ही जानते हैं, क्योंकि मुझे यह अहसास हो रहा है कि आपके लिए भी समय आ गया है।

"उन्होंने ओलिंपिक के रिकॉर्ड नहीं देखे थे, जिनसे पता चलता था कि सर्वश्रेष्ठ प्रदर्शन और सामान्य प्रदर्शन के बीच केवल 1 प्रतिशत का ही अंतर होता है, लेकिन उन्होंने इतना समझ लिया *था* कि यह बहुत छोटा अंतर होता है। अपने सहज बोध और अनुभव से वे पहले ही जान चुके थे कि सफलता पाने का तरीक़ा यही है कि आप लगातार छोटे, लक्ष्यबद्ध सुधार करते रहें।"

"इसलिए जब मैंने आकर अपने आँकड़े बताए, तो उन्हें ऐसा लगा जैसे पहेली का आख़िरी टुकड़ा मिल गया हो। जल्द ही हमने उत्कृष्टता बनाने की नीति को एक नाम दिया : एक प्रतिशत का फ़ॉर्मूला।"

"अब इस समूह में हम छह लोग हैं। मैं, मेरा मित्र सेल्स एक्ज़ीक्यूटिव, एक शीर्ष भौतिकविज्ञानी, एक मनोवैज्ञानिक, एक व्यवसाय-मालिक और इससे

शायद आपको हैरानी नहीं होगी, एक पूर्व ओलिंपिक खिलाड़ी।"

"चिंता न करें, इस समूह में कोई बैठकें या गोपनीय रस्में नहीं होती हैं - आप इसे क्लब जैसा मान सकते हैं। हम आप जैसे लोगों को इसमें शामिल करते हैं, जो अपने जीवन में परिवर्तन करने को तैयार हैं।"

"मैं?" केन ने थोड़ी हैरानी से कहा। "देखिए, मुझे ग़लत न समझें। मैं आभारी हूँ कि आपने मुझे समय दिया, लेकिन मैंने कभी नहीं कहा..." उसके शब्द हवा में खो गए, जब उसे अहसास हुआ कि कोच ने उसमें कुछ ऐसा देख लिया था, जो उसे भी इस समय तक पता नहीं था।

"अगर आप अपने जीवन में परिवर्तन करना चाहते हों, तो मैं अपने समूह के बाक़ी लोगों से आग्रह करूँगा कि वे आपको उत्कृष्टता हासिल करने के अपने रहस्य बताएँ। यह आसान नहीं होगा। आपको अपनी कुछ पुरानी आदतें छोड़नी होंगी, काम करने के पुराने तरीक़े बदलने होंगे और अपने तथा दूसरों के बारे में अपने कुछ विश्वास भी त्यागने होंगे। इसके अंत में आप रोमांच और उपलब्धि की संतुष्टि की अपेक्षा कर सकते हैं, लेकिन मैं इस कड़वी गोली पर शकर की चाशनी नहीं लपेट रहा हूँ : रास्ते में चुनौतियाँ आएँगी।"

वे बच्चों और अभिभावकों के समूह के पास पहुँच गए, जो अब छँटते जा रहे थे। "केन, अभी कोई जवाब न दें; इस बारे में अच्छी तरह सोच-विचार कर लें," जिम ने कहा और वे एक अन्य अभिभावक से बात करने चले गए। केन ने जैक और उसके सबसे अच्छे मित्र को कार में बैठाया - और कहा कि रास्ते में बर्गर की पार्टी उसकी तरफ़ से रहेगी।

बच्चे अंदर बैठ गए और केन दरवाज़ा बंद करने ही वाला था कि तभी जिम कार के पास आ गए।

केन ने ऊपर देखते हुए कहा, "धन्यवाद कोच, आपने मुझे सोचने के लिए वाक़ई बहुत कुछ दे दिया है।"

"आपका स्वागत है। मैं आपको यह देना चाहता हूँ।" जिम ने उसे एक बिज़नेस कार्ड थमाया। "अगर आप निर्णय लेते हैं कि आप तैयार हैं, तो मुझे फ़ोन कर दें। यक़ीन मानें, यह वाक़ई बेहतरीन यात्रा है।"

2

प्रेरणा को बढ़ाने वाला विपरीत तरीक़ा

कोच जिम ने जब उसे बिज़नेस कार्ड दिया था, उसके बाद तीन सप्ताह गुज़र चुके थे। आज केन रोमांचित - और शायद थोड़ा आशंकित भी - महसूस करते हुए अपनी कार में बैठा था। ऐसा क्यों न हो, आज वह एक प्रतिशत समूह के अगले आदमी से मिलने वाला था - जिसके बारे में जिम ने कहा था कि अगर ओलिंपिक में बिक्री की प्रतिस्पर्धा हो, तो स्वर्ण पदक वही जीतेगा।

कोई हैरानी नहीं कि वह काफ़ी व्यस्त रहता था। उससे मिलने की ख़ातिर केन को तीन सप्ताह तक इंतज़ार करना पड़ा था। केन चाहता था कि यह प्रक्रिया ज़्यादा जल्दी शुरू हो - उसने सोच-विचार में ज़्यादा समय नहीं लिया था। दरअसल, जब जिम ने उसे बिज़नेस कार्ड दिया था, उसके अगले ही दिन उसने हाँ कर दी थी। फ़ुटबॉल गेम के बाद रात को उसने अपने पलंग के सिरहाने वाली टेबल पर कार्ड रख दिया था। जब वह सोने गया, तब भी कोच के शब्द उसके दिमाग़ में घूम रहे थे और उसे ज़्यादा कुछ पल्ले नहीं पड़ रहा था। सुबह वह सामान्य से थोड़ा जल्दी उठ गया, जब सूर्य उग ही रहा था। अब उसे हर चीज़ बहुत स्पष्ट दिखाई दे रही थी। उसे यक़ीन था कि वह कुछ परिवर्तन करने के लिए तैयार था। अपने जीवन के कई पहलुओं में 1 प्रतिशत बेहतर बनना? वह यह काम कर सकता था।

वास्तव में, उसे यह करने की एक गहरी ज़रूरत महसूस हुई।

•••●•••

उसे अपने निर्णय का महत्त्व वास्तव में तभी समझ आया, जब उसने बिज़नेस कार्ड उठाकर जिम को फ़ोन किया। कोच केन की आवाज़ सुनकर ख़ुश थे, लेकिन हैरान नहीं।

"स्वागत है केन, हमारे समूह में आपका आना बेहतरीन है," उन्होंने कहा। "लेकिन शुरुआत करने से पहले मुझे आपको तीन सरल ज़मीनी नियम बताने होंगे। इसके बाद आपको यह निर्णय लेना होगा कि क्या आप उनका पालन करने के लिए तैयार हैं।" केन ने सोचा कि किसी तरह का कोई पेंच होगा।

"पहला नियम : आप जो कर रहे हैं, वह आप अपनी पत्नी के सिवा किसी को भी नहीं बता सकते," जिम ने कहा। "अगर लोग हैरान होते हैं कि ऑफ़िस के बाहर आप क्या कर रहे हैं, तो आप कोई सामान्य बात कह सकते हैं, जैसे आप कोचिंग ले रहे हैं या किसी मास्टरमाइंड या मार्गदर्शक समूह के सदस्य हैं, लेकिन आपको इससे ज़्यादा कुछ नहीं कहना है। क्या आप इसके लिए तैयार हैं, केन?"

केन ने सोचा, शायद यह इतना मुश्किल नहीं होगा। "निश्चित रूप से, मैं इस बात के लिए तैयार हूँ, कोच।"

"दूसरा नियम : आप यह प्रक्रिया सिर्फ़ तभी शुरू कर सकते हैं, *जब आप इसे पूरा करने का वादा करें*। हमें आपका यह मौखिक वादा चाहिए कि एक बार शुरू करने के बाद आप एक प्रतिशत समूह के सभी छह लोगों से मिलेंगे और सीखी हुई बातों को अपने जीवन में उतारेंगे।"

इस नियम का वादा करना ज़्यादा मुश्किल था। जिम को केन की झिझक का अहसास हो गया, इसलिए वे आगे बोले, "आपके वादे के बदले मैं आपसे यह वादा कर सकता हूँ कि इसके बाद आप अपने लक्ष्यों तक पहुँचने में कामयाब होंगे। मैं यह वादा भी कर सकता हूँ कि आपकी सफलता आपके लक्ष्य के अलावा जीवन के दूसरे क्षेत्रों को भी प्रभावित करेगी - आपके मित्र और परिवार, आपके सहकर्मी, आपका समुदाय।"

"जिम, आपका आत्मविश्वास बड़ा प्रेरक है, लेकिन क्या आप सचमुच इतना बड़ा वादा कर सकते हैं?" केन संदेहवादी नज़र नहीं आना चाहता था, लेकिन इतनी बड़ी बात का वादा करने से पहले उसे वे सवाल तो पूछने

ही थे, जो उसके दिमाग़ में घुमड़ रहे थे। "यदि मैं उस मिट्टी का न बना हुआ, तो क्या होगा? अगर यह मेरे लिए कारगर न हुआ, तो क्या होगा?"

"मैं आपसे इतना बड़ा वादा इसलिए कर सकता हूँ, क्योंकि मैं जानता हूँ कि आप जो विचार, साधन और तकनीकें सीखने वाले हैं, वे कारगर हैं। मैं आपसे यह वादा इसलिए कर सकता हूँ, क्योंकि ये तकनीकें राय पर नहीं, बल्कि ठोस शोध और परीक्षण पर आधारित हैं, जैसा कि आप ख़ुद देखेंगे, बशर्ते कि आप वादा करने का चुनाव करें," जिम ने कहा।

मैं आपसे यह वादा इसलिए कर सकता हूँ, क्योंकि ये तकनीकें राय पर नहीं, बल्कि ठोस शोध और परीक्षण पर आधारित हैं, जैसा कि आप ख़ुद देखेंगे, बशर्ते आप वादा करने का चुनाव करें।

केन को यह सुनकर राहत मिली कि जिम की आवाज़ से ऐसा नहीं लग रहा था, जैसे वे उसके सवालों से चिढ़ रहे हों। जिम उस पर दबाव भी नहीं डाल रहे थे। कोच की आवाज़ से केन को लगा कि उनका विश्वास बहुत गहरा था, इसलिए उन्हें दबाव डालने की ज़रूरत ही महसूस नहीं हो रही थी।

जिम ने आगे कहा : "मैं जानता हूँ कि आप यह काम कर सकते हैं, क्योंकि मैंने बहुत से दूसरे लोगों को देखा है, जिन्होंने इन तकनीकों की मदद से बेहतरीन चीज़ें की हैं।"

केन ने एक गहरी साँस ली, फिर साँस छोड़ते हुए कहा, "मुझे शामिल मानें।"

"आपको शामिल मान लिया," जवाब आया।

"लेकिन ठहरें, तीसरा नियम क्या है?" केन ने पूछा।

"तीसरा नियम : प्रक्रिया पूरी करने के 180 दिनों के भीतर किसी समय आपको कम से कम एक व्यक्ति की उसी तरह मदद करनी होगी, जिस तरह कि आपकी मदद की गई थी।"

"यानी एक प्रतिशत समूह के आख़िरी व्यक्ति से मिलने के छह महीनों के भीतर मुझे सारी सीखी हुई बातें किसी दूसरे को सिखानी होंगी?"

"सही समझे, केन। क्या आप इसका वादा कर सकते हैं?"

केन ने उस होनहार नौजवान के बारे में सोचा, जो ऑफ़िस में उसकी टीम में अभी-अभी शामिल हुआ था। उसने अपने बेटे-बेटी के बारे में सोचा, जो बड़े होकर वयस्क बनने वाले थे। अगर वह उत्कृष्टता हासिल करने की कुंजियाँ सीख सके, तो यह ज्ञान दूसरों तक पहुँचाना गौरव की बात होगी।

"मैं कब शुरू कर सकता हूँ?" उसने सवाल किया।

•••●•••

जिम ने समूह के बाक़ी सदस्यों से बात की और इसके बाद केन को सेल्स एक्ज़ीक्यूटिव कार्लोस का फ़ोन नंबर दे दिया। "वे आपको बहुत पसंद आएँगे," जिम ने कहा। "वे यह यात्रा शुरू कराने के लिए आदर्श व्यक्ति हैं; वे सचमुच आपको शक्ति प्रदान करेंगे। उनकी विशेषज्ञता प्रेरणा और प्रोत्साहन में है।" फिर उन्होंने आगे जोड़ा, "यह इंसान कुदरत की शक्ति है।"

केन फ़ोन पर कार्लोस की ऊर्जा से तुरंत प्रभावित हुआ। उन्होंने एक मिनट में बेहद लंबी बातचीत कर डाली। केन को एक प्रतिशत के फ़ॉर्मूले की बुनियादी शुरुआती बातें सिखाने के बारे में वे बहुत रोमांचित थे और उनका रोमांच संक्रामक था।

कार्लोस कामकाज के सिलसिले में काफ़ी सारी यात्राएँ करते थे, लेकिन उन्होंने एक-दूसरे से अपने कैलेंडर मिलाए, जब तक कि उन दोनों को अपने शेड्यूल में एक शाम को कुछ घंटे ख़ाली नहीं मिल गए।

कार्लोस ने पूछा, "क्या आप गोल्फ़ खेलते हैं?"

दरअसल, केन गोल्फ़ में फिसड्डी था। ऐसा नहीं था कि वह गोल्फ़ को पसंद नहीं करता था - ज़्यादा बड़ी बात तो यह थी कि गोल्फ़ उसे पसंद नहीं करता था। कभी-कभार वह खेलने जाता था, क्योंकि गोल्फ़ कोर्स पर बहुत सारी नेटवर्किंग यानी मेल-मुलाक़ात होती थी - लेकिन उस छोटी सफ़ेद गेंद को छड़ी से मारने में वह कभी माहिर नहीं हो पाया था। इसके अलावा, क्या उसे और कार्लोस को *काम* की बातें नहीं करनी थीं?

"देखिए, मैं दरअसल गोल्फ़ वाला आदमी नहीं हूँ, कार्लोस।"

"बेहतरीन! तो हम गोल्फ़ कोर्स की ड्राइविंग रेंज में मिलेंगे।"

कार्लोस ने शायद उसकी बात ठीक से नहीं सुनी थी। लेकिन केन को उन्हें यह बताने का मौक़ा ही नहीं मिला, क्योंकि कार्लोस इस व्यावहारिक मुद्दे पर आ गए थे कि वे एक दूसरे को पहचानेंगे कैसे।

"मैं एक लाल बेसबॉल कैप पहनूँगा," कार्लोस ने कहा। "आप भी लाल कैप पहन लेना। इससे हम एक दूसरे को तुरंत पहचान लेंगे।"

"उह, ठीक है," केन सहमत हो गया।

"इस मुलाक़ात को लेकर मैं बहुत रोमांचित हूँ, केन। मैं आपकी राह देखूँगा! तो मिलते हैं," कार्लोस ने धड़ाधड़ बोलते हुए बात ख़त्म कर दी। केन जानता था कि अगर वे इंटरनेट पर सर्च करके एक दूसरे के फ़ोटो खोज लेते, तो पहचानने का काम ज़्यादा आसान होता। मगर जब वह कार में बैठ रहा था और अपने सिर पर कैप पहन रहा था, तो उसे ख़ुशी थी कि वे इसे इस तरह कर रहे हैं। इससे वह भी तैयार महसूस करने लगा। थोड़ा घबराया हुआ, लेकिन *तैयार*।

जैसे ही वह ड्राइविंग रेंज (वह इलाक़ा जहाँ गोल्फ़ खिलाड़ी शॉट मारने का अभ्यास करते हैं) में दाख़िल हुआ, तो फ़्लडलाइट्स और विशाल जाली की ओर उड़ने वाली ढेर सारी गोल्फ़ गेंदों से पल भर के लिए चकरा गया। फिर वह इस नतीजे पर पहुँचा कि कार्लोस को दरअसल लाल बेसबॉल कैप की ज़रूरत ही नहीं थी। वहाँ ज़्यादा भीड़ नहीं थी और केन ने कार्लोस को तुरंत पहचान लिया : वह वही जोशीला इंसान होगा, जो दूसरे सिरे पर गेंदों को हर व्यक्ति से ज़्यादा तेज़ी से मार रहा था। वह तभी ठहरता था, जब वह अपने किसी शॉट से विशेष ख़ुश होता था और तब वह अपनी मुट्ठी लहराकर विजयी संकेत करता था।

शॉटों के बीच कार्लोस अपनी भौंह पोंछने के लिए रुके और तभी उन्होंने केन को देख लिया। उन्होंने अपना क्लब नीचे रखा और तेज़-तेज़ चलते हुए उसके पास आ गए। उनके चेहरे पर मुस्कान खिली हुई थी। "हाय," उन्होंने विश्वासपूर्वक कहते हुए हाथ बढ़ाया। "मैं कार्लोस हूँ और आप केन होंगे।" दोनों ने हाथ मिलाया। फिर कार्लोस अचानक मुड़े और हाथ हिलाकर केन को अपने पीछे बुलाया। "अब आप कुछ गेंदों को मारना

शुरू करें। आप अपने क्लब लाए हैं? अच्छा, समझा, आप ज़्यादा गोल्फ़ वाले इंसान नहीं हैं।" वे सदाशयता भरी हँसी हँसे। "कोई दिक्क़त नहीं है, केन। हमारी क़द-काठी एक जैसी है, इसलिए आप मेरे क्लब से खेल सकते हैं।"

दोनों शॉट मारने लगे। इस दौरान वे एक-दूसरे को अपने बारे में बुनियादी जानकारी - काम-धंधा, कॉलेज, गृहनगर, परिवार - देते रहे। बातों-बातों में केन को पता चला कि कार्लोस एक बड़ी कंपनी में वैश्विक बिक्री के प्रभारी हैं, जो गोल्फ़ का सामान बनाती थी - क्लब, बैग, बॉल आदि।

तेज़ी से शॉट मारते वक़्त केन को पहले तो अपना शरीर थोड़ा सख़्त और अजीब महसूस हुआ। उसने कार्लोस को बताया कि वह कुछ महीनों से गोल्फ़ नहीं खेला है, इसलिए वह उतना अच्छा प्रदर्शन नहीं कर पा रहा है। कार्लोस ने हाथ हिलाकर उसकी चिंताएँ हवा में उड़ा दीं और शॉट मारते समय उसे कुछ मददगार सुझाव दिए। ऐसा लगता था कि केन के शॉट को ज़रा सा भी बेहतर बनाने में मदद करना उन्हें सचमुच अच्छा लगता था।

केन लय में आने लगा। अब वह गोल्फ़ के आकर्षण को देख सकता था। निश्चित रूप से यह संतुष्टिदायक होता है, जब क्लब धड़ाक की आवाज़ के साथ गेंद से टकराता है। ख़ास तौर पर यह अब ज़्यादा संतुष्टिदायक था, क्योंकि पहले के मुक़ाबले अब उसकी गेंद थोड़ी ज़्यादा सीधी, थोड़ी ज़्यादा दूर तक जा रही थी।

इसके अलावा, कार्लोस की "बढ़िया शॉट" और "यही तरीक़ा है" जैसी टिप्पणियों से उसे निश्चित रूप से प्रोत्साहन मिल रहा था।

लेकिन वह बेचैन हो रहा था। कार्लोस कुछ ही दिनों में सम्मेलनों के दौरे पर जा रहे थे और अगर उन्होंने जल्द ही काम की बात नहीं की, तो केन को लग रहा था कि उन्हें दूसरा मौक़ा जाने कब मिलेगा।

उसकी निगाह अपनी नोटबुक पर पड़ी, जो बग़ल वाली कुर्सी पर खुली पड़ी थी। कोच जिम ने फ़ुटबॉल मैच के वक़्त बहुत कुछ बताया था। केन ने जिम से फ़ोन पर वही बातें दोबारा पूछीं, ताकि वह उन्हें लिख सके। देखिए, सिर्फ़ लिखना ही उद्देश्य नहीं था - सबसे ऊपर उसने शीर्षक लिखा था "यह करना है;" उसका असल उद्देश्य तो सीखी हुई बातों पर अमल करना था। उसकी योजना थी कि जब भी वह एक प्रतिशत समूह के किसी

व्यक्ति से मिलेगा, तो अपनी करना-है सूची में हर बार बिंदु बढ़ा लेगा - हालाँकि उसे शायद अपनी गोल्फ़ की पकड़ के बारे में सुझाव शामिल करने की ज़रूरत नहीं है, उसने मुस्कराते हुए निर्णय लिया।

कार्लोस ने उसकी निगाह का पीछा करते हुए कहा, "मैं देख रहा हूँ कि आपको नोट्स लेने की आदत है, केन। यह अच्छा है, यह अच्छा है, कि आप इसे गंभीरता से ले रहे हैं। वैसे, इसमें क्या लिखा है? बताएँ।"

केन ने ज़ोर से पढ़ा :

> "1. *असाधारण और असाधारण रूप से असाधारण के बीच का फ़र्क़ = 1 प्रतिशत।*"

"हाँ। बिलकुल। आपने और क्या लिखा है?"

> "2. *आप हर व्यक्ति से 100 प्रतिशत बेहतर नहीं बन सकते, लेकिन आप सैकड़ों चीज़ों में 1 प्रतिशत बेहतर बन सकते हैं।*"

जब केन ने अपनी सूची के अगले बिंदु पढ़े, तो कार्लोस बुदबुदाए, "हाँ," या "बोलते रहें, मैं सुन रहा हूँ।" इस दौरान वे सारे समय गेंद जमाते रहे और उन्हें ड्राइविंग रेंज के पार मारते रहे।

> "3. *आप सारे समय नहीं जीत सकते, लेकिन अगर आप आज किसी चीज़ को कल से बेहतर करते हैं, तो आपके पास एक विजेता का दिल हमेशा हो सकता है।*"
>
> "4. *हर व्यक्ति महान नहीं बन सकता, लेकिन वह अभी जहाँ है, उससे बेहतर अवश्य बन सकता है।*"
>
> "5. *सबसे तेज़, सबसे ऊँचा, सबसे शक्तिशाली नहीं - बल्कि ज़्यादा तेज़, ज़्यादा ऊँचा, ज़्यादा शक्तिशाली होने का लक्ष्य बनाएँ।*"

जब केन इस दुविधा में था कि कार्लोस उसकी बातें सुन भी रहे थे या नहीं, तभी वे केन की ओर मुड़े और चौड़ी मुस्कान के साथ बोले, "आपने

तो सब कुछ आदर्श तरीक़े से लिखा है! अब आपको मेरी क्या ज़रूरत है?"

उन्होंने अपने हाथ तौलिए से पोंछे, बैठे और केन को भी बैठने का संकेत किया। केन ने अब तक उन्हें इतना स्थिर नहीं देखा था। कार्लोस केन की ओर मुड़े और उन्होंने पूछा, "आप मानते हैं कि आपने अभी-अभी जो बिंदु पढ़े हैं, वे उत्कृष्टता हासिल करने की कुंजी हैं, ठीक है?"

"हाँ। हाँ, मैं मानता हूँ," केन ने पुष्टि की, हालाँकि उसे समझ नहीं आ रहा था कि बातचीत किस ओर जा रही थी।

"क्या आप अपने जीवन के उन पहलुओं को पहचान सकते हैं, जहाँ आप 1 प्रतिशत सुधार कर सकते हैं?"

केन एक पल के लिए ठहरा। उसने ड्राइविंग रेंज के पार घूरा और नौकरी की गतिविधियों के बारे में सोचा। हाँ, वह निश्चित रूप से कई चीज़ों के बारे में सोच सकता था, जिन्हें वह थोड़ी बेहतर कर सकता था। उनमें से किसी भी एक चीज़ से भारी फ़र्क़ नहीं पड़ेगा, लेकिन समेकित सुधार बहुत प्रभावी होगा। फिर उसने अपनी पत्नी और बच्चों के साथ अपने संबंधों के बारे में सोचा। फिर अपने स्वास्थ्य और फ़िटनेस के बारे में। वह कई चीज़ों के बारे में सोच सकता था, जिन्हें वह उसी समय थोड़ी बेहतर करना चाहता था।

आख़िरकार वह बोला, "हाँ, मैं कई छोटे सुधारों के बारे में सोच सकता हूँ, जिन्हें मैं हर दिन कर सकता हूँ और जो मिलकर एक महत्त्वपूर्ण परिवर्तन कर सकते हैं।"

"तो ठीक है, समस्या क्या है? आप उन्हें कर क्यों नहीं देते?"

इस सवाल पर केन थोड़ा लज्जित भी हुआ और चिढ़ भी गया। उसके दिमाग़ में कोई अच्छा जवाब आ ही नहीं रहा था।

"केन, आपको ये चीज़ें इसी समय करने से कौन सी बात रोक रही है?"

"ईमानदारी से? मैं सोचता हूँ कि मेरे पास कोई सचमुच अच्छा कारण नहीं है," उसने कहा। उसने अपनी लाल बेसबॉल कैप उतार दी और अपने पैरों की ओर देखने लगा; वह थोड़ा पराजित महसूस कर रहा था। "बात बस यह है कि इन दिनों मेरे लिए प्रेरित होना मुश्किल होता है। चूँकि मैं प्रेरित

नहीं होता हूँ, इसलिए मैं ज़्यादा कार्य नहीं कर पाता हूँ।"

"इससे आपकी प्रेरणा और कम हो जाती है, क्योंकि आप पर्याप्त कार्य नहीं कर पा रहे हैं?"

केन ने झटके से ऊपर देखते हुए कहा, "हाँ कार्लोस, आपने बिलकुल ठीक कहा।" उसने एक पल के लिए सोचा, धीरे-धीरे अपनी टोपी दोबारा लगाई और आगे कहा, "इसका असर मेरे आस-पास के लोगों पर भी नज़र आता है - वे लोग जो ऑफ़िस में मेरे अधीन हैं और मेरे परिवार के सदस्य। अगर मैं ज़्यादा कार्य कर सकूँ, तो उन पर अच्छा असर होगा। मैं वे चीज़ें करना चाहता हूँ, जो मुझे बेहतर बना सकती हैं, लेकिन मैं यह नहीं जानता कि उन्हें करने की अपनी प्रेरणा को ऊपर कैसे उठाऊँ।"

केन को लगा कि कार्लोस ने शायद उसकी आवाज़ में छिपे शांत आग्रह को नहीं सुना, क्योंकि वे अब हँसते-हँसते दोहरे हो रहे थे। वे अपनी जाँघ पर हाथ भी मार रहे थे। केन ने सोचा कि उसे शायद इस बात पर चिढ़ना चाहिए, लेकिन शायद इस आदमी की हर गतिविधि संक्रामक थी, इसलिए बहुत जल्दी केन का मुँह भी एक मुस्कान में सिकुड़ गया।

कार्लोस ने ख़ुद को सँभाला, सीधे तनकर बैठे और केन के हाथ से नोटबुक तथा पेन ले लिए।

"आप अपनी प्रेरणा को ऊपर उठाने के तरीक़े की तलाश कर रहे हैं, ताकि आप ज़्यादा कार्य कर लें। ठीक है?"

केन ने सिर हिलाया।

"ठीक है, तो आपने जो कहा, हम उसका रेखाचित्र इस तरह बनाते हैं।" कार्लोस ने लिखा :

प्रेरणा ⟶ कार्य

"आप कह रहे हैं, अगर आप ज़्यादा प्रेरित होंगे, तो आप ज़्यादा कार्य कर लेंगे। दूसरे शब्दों में, *प्रेरणा* में वृद्धि" - कार्लोस ने उस शब्द की ओर संकेत किया और अपनी अँगुली से तीर पर हाथ फेरा - "कार्य में वृद्धि की ओर ले जाएगी।"

"बिलकुल।"

"और यह एकमात्र तरीक़ा है?"

केन ने कार्लोस के बनाए स्केच को घूरा। उसके हिसाब से यह काफ़ी स्पष्ट था कि दूसरा कोई तरीक़ा था ही नहीं। उसने सिर हिलाया।

"अब उठ जाएँ, वहाँ जाएँ, एक बॉल को टी पर रखें और उस क्लब को उठाएँ, जिसका इस्तेमाल आप पहले कर रहे थे।"

केन इस बिंदु पर इतना चकरा गया था कि कार्लोस से विवाद करना या सवाल करना भी मूर्खतापूर्ण लग रहा था; उसने जाकर कार्लोस के बताए अनुसार काम कर दिया।

फिर कार्लोस ने पूछा, "ठीक है, अब यह बताएँ केन कि जब आप पहलेपहल यहाँ आए थे, तो आप शॉट लगाने के बारे में कैसा महसूस कर रहे थे?"

"काफ़ी बुरा," केन ने जवाब दिया। "मैं थोड़ा परेशान था, क्योंकि मुझमें दरअसल इसकी नैसर्गिक प्रतिभा नहीं है।"

"अब जब आपने यह कार्य कई बार कर लिया है और इसमें थोड़ा सुधार भी कर लिया है, तो अब आप इस बारे में कैसा महसूस करते हैं?"

"अब? देखिए, अब तो मैं एक तरह से इसके लिए उत्सुक हूँ। अगर और कुछ नहीं, तो मैं इस बॉल पर थोड़ी भड़ास ही निकाल दूँगा," उसने मुस्कराते हुए कहा। उसने क्लब को लहराया। यह सच था, अब वह सचमुच यह कार्य करना *चाहता* था।

केन के दोबारा बैठने पर कार्लोस बोले, "क्या अब आप एक और संभावना पर विचार करेंगे? अगर तीर दूसरी तरफ़ भी जाता हो, तो कैसा रहेगा?" कार्लोस ने रेखाचित्र में दूसरा तीर भी खींच दिया।

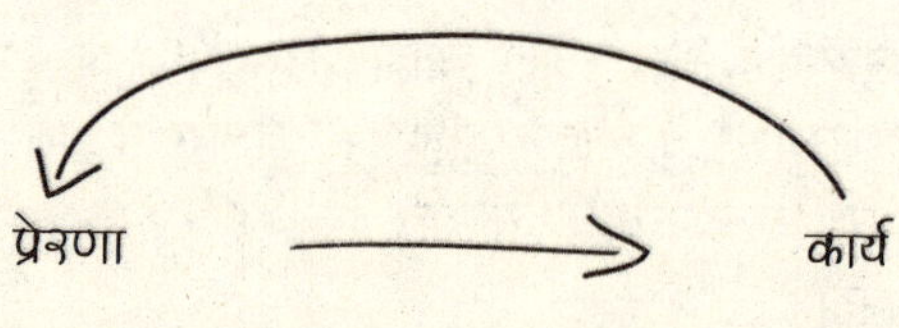

"अगर आप ज़्यादा कार्य करें, तो इससे संभवतः आपकी प्रेरणा बढ़ जाएगी," कार्लोस ने कहा। "अगर आप अपना कार्य बढ़ा लेते हैं, तो आपकी *प्रेरणा* भी बढ़ जाएगी।"

"गोल्फ़ स्विंग की तरह।"

कार्लोस ने ताली बजाई। "गोल्फ़ स्विंग की तरह!" अचानक केन समझ गया कि जिम ने कार्लोस को प्रेरणा विशेषज्ञ का ख़िताब क्यों दिया था। उनका चेहरा चमक रहा था, जब उन्होंने आगे कहा : "देखिए केन, आप बिलकुल सही हैं कि प्रेरणा होने पर कार्य हो जाता है। जब आप प्रेरित होते हैं, तो आप बाहर जाकर उस कार्य को कर देते हैं, जिसके भी बारे में आप प्रेरित होते हैं। बहुत सारे लोग यह भूल जाते हैं कि इसका उल्टा भी कम से कम उतना ही सच होता है : *प्रेरणा किसी चीज़ को हासिल करने से मिलती है*।"

"मैं यह सुझाव दे रहा हूँ कि आप किसी कार्य को जितना ज़्यादा करते हैं, आप उसे करने के लिए उतने ही ज़्यादा प्रेरित होते हैं। इसलिए अगर आप ज़्यादा कार्य करेंगे, तो आपको ज़्यादा प्रेरणा मिलेगी। यह ख़ुद को पोषण देने वाला सतत चक्र है!"

आप किसी कार्य को जितना ज़्यादा करते हैं, आप उसे करने के लिए उतने ही ज़्यादा प्रेरित होते हैं। इसलिए अगर आप ज़्यादा कार्य करेंगे, तो आपको ज़्यादा प्रेरणा मिलेगी। यह ख़ुद को पोषण देने वाला सतत चक्र है!

केन को अपने भीतर ऊर्जा की लहर महसूस हुई, जब उसे याद आया कि उसे सबसे बड़ी प्रेरणा तब मिली थी, जब उसने कोई चीज़ हासिल की थी। "मुझे याद है, मैं तैरना सीख रहा था। यक़ीन करें, मैं तैरना सीखने के लिए क़तई प्रेरित नहीं था। बिलकुल नहीं था, लेकिन हम पानी के पास रहते थे और मेरे माता-पिता जवाब में नहीं सुनने को तैयार नहीं थे।"

"इसलिए मैंने तैराकी सीखी। उत्साह से नहीं। दरअसल, इच्छा से भी नहीं। लेकिन फिर भी मैंने सीखी। एक बार जब मैंने कुछ बुनियादी बातें सीख लीं - जैसे यह तथ्य कि मैं डूबूँगा नहीं - तो मुझे यह पसंद आने लगी।"

"मैंने अपने माता-पिता से पूछा कि क्या मैं इसका और ज़्यादा प्रशिक्षण ले सकता हूँ। कुछ समय बाद मैं इतना अच्छा तैरने लगा कि मुझे तैराकी टीम

में शामिल कर लिया गया। फिर मैंने अपने स्ट्रोक्स आदर्श बनाए। तैराकी में मैंने जो ट्रॉफ़ियाँ जीतीं, वे अब भी मेरे पास रखी हैं," उसने यादों का आनंद लेते हुए कहा। "आपका यही मतलब है ना, जब आप कहते हैं कि मेरी प्रेरणा को बढ़ाने का सबसे अच्छा तरीक़ा मेरे कार्य को बढ़ाना है, है ना?"

"बिलकुल!"

इस बात की सादगी से केन अवाक् रह गया।

वास्तव में, अगर यह इतना ही आसान था, तो यह उसके जीवन और हर किसी के जीवन में पहले से क्यों नहीं हो रहा था? कार्लोस के लिए यह कहना एक बात थी कि कार्य प्रेरणा की ओर ले जाता है - लेकिन केन ने सोचा, कार्लोस तो यही कहेंगे। वे इतने ज़्यादा ऊर्जावान थे, इतने जोशीले व्यक्तित्व के धनी थे कि उनके जीवन में तो कभी प्रेरणा की समस्या रही ही नहीं होगी। यह उनसे उतने ही स्वाभाविक रूप से फूटती नज़र आती थी, जैसे कि झरने से पानी।

"लेकिन कार्लोस, शायद कुछ लोग होंगे - जैसे कि निश्चित रूप से आप हैं - जो हम बाक़ी इंसानों से ज़्यादा प्रेरित हो सकते होंगे?"

"केन, मेरी बात का यक़ीन करें, हर कोई इस सिद्धांत से लाभ उठा सकता है।" कार्लोस ने केन से नज़रें मिलाए रखीं और उनकी आवाज़ अचानक थोड़ी धीमी हो गई, जब उन्होंने आगे कहा, "जब मैं छोटा था और शुरू कर रहा था, तो मुझे दरअसल लोगों के सामने भाषण देना पसंद नहीं था। जब भी मैं बच सकता था, इस काम से बचने की कोशिश करता था।"

"आप?" केन ने कहा। यह कल्पना करना मुश्किल था कि जो आदमी अब हर साल हज़ारों लोगों के सामने व्याख्यान देता था, वह कभी ऐसा महसूस कर सकता था।

"जब ऑफ़िस में कोई प्रस्तुति देनी होती थी, तो मैं चुपचाप बैठा रहता था और ईश्वर से प्रार्थना करता था कि कोई दूसरा स्वेच्छा से हाथ खड़ा कर दे। लेकिन एक दिन मैंने नए सेल्स प्रतिनिधियों के छोटे समूह को प्रशिक्षण देने के लिए हाथ खड़ा कर दिया।"

"यह कैसा रहा?" केन ने पूछा।

“बहुत ही शानदार रहा! किसी दूसरे के लिए वह प्रशिक्षण ज़्यादा मायने नहीं रखता था, लेकिन उसे सफलतापूर्वक करने से मुझे उपलब्धि का जो अहसास मिला, उसने मुझे संसार के शिखर पर पहुँचा दिया। इससे मैं और प्रस्तुतियाँ देने के लिए प्रेरित हुआ। मैंने धीरे-धीरे अपना विस्तार किया, और अब मुझे सैकड़ों - हज़ारों - लोगों के सामने खड़े होने में भी कोई समस्या नहीं आती है।”

“तो आपने देखा, केन, असल सवाल यह है : हम शुरू कहाँ से करते हैं?”

“जवाब है कि आप कोई कार्य करके शुरुआत करते हैं - चाहे वह कितना भी छोटा क्यों न हो - और एक बार जब आप उसमें सफलता हासिल कर लेते हैं, तो आपकी प्रेरणा बढ़ जाती है। फिर आप उसे ज़्यादा करते हैं। इससे आपकी प्रेरणा और भी बढ़ जाती है। और फिर...”

“आप और ज़्यादा कार्य करते हैं... और इससे आपकी प्रेरणा और भी बढ़ जाती है,” केन ने कहा। “यह जिधर जा रहा है, वह मुझे पसंद है। मैं पहले से ही देख सकता हूँ कि यह सिद्धांत 1 प्रतिशत सुधार करने में मेरी कितनी मदद कर सकता है।”

आप कोई कार्य करके शुरुआत करते हैं - चाहे वह कितना भी छोटा क्यों न हो - और एक बार जब आप उसमें सफलता हासिल कर लेते हैं, तो आपकी प्रेरणा बढ़ जाती है। और फिर आप उसे ज़्यादा करते हैं। और इससे आपकी प्रेरणा और भी बढ़ जाती है। और फिर...

कार्लोस ने केन के हाथ पर ताली मारी और कहा, “इसकी एक और कुंजी है। मैं इसे लक्ष्य की स्पष्टता कहता हूँ। यह बहुत महत्त्वपूर्ण है, इसलिए आप इसे लिख सकते हैं : इस बारे में स्पष्ट रहें कि आप क्या चाहते हैं और क्या नहीं चाहते।”

“यदि आप प्रेरणा-कार्य के आपसी संबंध को समझ लेते हैं, तो यह ज़्यादा कार्य करने की आपकी प्रेरणा बढ़ाने में बहुत कारगर होता है - लेकिन यदि आप इसका इस्तेमाल ऐसे कार्यों के लिए प्रेरित होने में करते हैं, जो आपके सकल लक्ष्य में योगदान नहीं देते, तो आप बस अपना समय बर्बाद करेंगे।”

"आपके कहने का मतलब यह है कि इससे पहले कि मैं प्रेरित होने के लिए अपने कार्य चुनूँ, मुझे यह सुनिश्चित कर लेना चाहिए कि वे कार्य मेरे लक्ष्य में योगदान देते हों?"

"हाँ! मान लें, मैं एक बेहतर सेल्समैन बनना चाहता हूँ। मुझे इस तरह के कार्यों पर ध्यान केंद्रित करने की ज़रूरत है, जैसे अपनी सेल्स कॉल्स की बेहतर योजना बनाना, मिलने के लिए सही ग्राहकों को चुनना और उनकी ज़रूरतों का पता लगाना। मुझे अपनी टेनिस सर्विस का अभ्यास करने जैसे कार्यों पर ध्यान केंद्रित नहीं करना है।"

"इसके केंद्र में दो अवधारणाएँ हैं, जो लगती समान हैं, लेकिन हैं बहुत अलग : पहली है *प्रभावकारिता,* यानी सही कार्य करना। दूसरी है *कार्यकुशलता,* यानी कार्य को सही तरीक़े से करना।"

"सबसे पहले तो आपको यह सुनिश्चित करना होता है कि आप जो कर रहे हैं, वह सही कार्य है - यानी आप प्रभावकारी बन रहे हैं।"

उस कार्य को अच्छी तरह करने में कोई तुक नहीं है, जो आपको बिलकुल भी नहीं करना चाहिए।

"फिर जब आपको यक़ीन हो जाए कि आप सही कार्य कर रहे हैं, तो आपको उसे करने में कार्यकुशल होना पड़ता है, यानी उसे सचमुच अच्छी तरह करना पड़ता है। कई बार लोग उन कार्यों को करने में सचमुच अच्छे होते हैं, जो उन्हें बिलकुल भी नहीं करने चाहिए।"

"तो इसका शीर्षक यह है : उस कार्य को अच्छी तरह करने में कोई तुक नहीं है, जो आपको बिलकुल भी नहीं करना चाहिए।"

"क्या इसमें समझदारी लगती है?"

केन ने कहा, "हाँ" और इसे अपनी नोटबुक में लिख लिया।

"तो मैं चाहता हूँ कि आप यह करें," कार्लोस ने कहा, जिससे केन दोबारा ऊपर देखने लगा। "इसे मैं कह रहा हूँ, सिर्फ़ इसीलिए इस पर यक़ीन न करें। इसे आज़माकर देखें और देखें कि यह सचमुच कारगर होता है या नहीं। क्या आप बस अपने एक कार्य को चुन सकते हैं, जिसके बारे में आप जानते हैं कि यह सही है और आप इसे बेहतर कर सकते हैं? याद रखें, अभी कोई बड़ी चीज़ नहीं - यह तो सिर्फ़ शुरुआत है।"

"निश्चित रूप से, मैं एक कार्य चुन सकता हूँ।"

"क्या आप इसे कल कर सकते हैं?"

केन ने एक सेकंड के लिए सोचा। "हाँ, मैं इसे कल कर सकता हूँ।"

"फिर अगले दिन?"

केन ने कहा, "हाँ।"

"ठीक है, अब 30 दिनों के बारे में क्या कहते हैं? मैं आपसे हाल-फ़िलहाल बस इतना ही करने को कह रहा हूँ।"

"आप चाहते हैं कि एक महीने तक मैं एक कार्य करूँ, जो सुधार लाता हो या बेहतर बनाता हो? आप चाहते हैं कि मैं छोटी शुरुआत करूँ?"

"आप सही समझे।"

केन पहले से ही उस कार्य के बारे में सोच रहा था, जिसे वह कल से शुरू करेगा और वह उस बिलकुल नए स्तर की प्रेरणा की राह देख रहा था, जो इसकी वजह से उसके जीवन में आएगी।

•••●•••

दस दिन बाद केन ने अपनी प्रेरणा में वृद्धि पर ग़ौर किया। उसने हर दिन अपने चुने हुए कार्य को काफ़ी निरंतरता से किया था, हालाँकि उसे मानना पड़ा कि किसी नई चीज़ को आज़माना अजीब महसूस हुआ था।

वह इस बारे में बहुत हैरान था कि कार्य को पूरा करने से उसे इसे करते रहने की ज़्यादा प्रेरणा मिली थी।

बीच-बीच में वह अपने नोट्स बाहर निकालता था और कार्लोस के रेखाचित्र को देखता था। हर बार जब वह रेखाचित्र को देखता था,

तो वह इसकी सादगी तथा शक्ति से हैरान रह जाता था। एक कार्य से शुरुआत करना सरल और आश्चर्यजनक रूप से प्रभावी था।

उसने कार्लोस से फ़ोन पर बात की, जिन्होंने पहले तो काफ़ी चहकती हुई बातें कीं, लेकिन फिर वे बहुत शांत होकर बोले, "आपने अच्छी शुरुआत की है - बस इसी तरह से करते रहें। अब आप अगले क़दम के लिए तैयार हैं।"

3

निजी सफलता की भौतिकी :

स्वयं को ज़्यादा शक्तिशाली कैसे बनाएँ

केन कस्बे के ठीक बाहर पहाड़ियों में घुमावदार सड़क पर कार चला रहा था। वह एक प्रतिशत वाले समूह की अगली सदस्य से मिलने जा रहा था। वह जितना आगे जाता था, सड़क के दोनों ओर उतने ही ज़्यादा लंबे और हरे पेड़ नज़र आते थे। मकान ज़्यादा दूर-दूर दिख रहे थे। ताज़ी, ज़्यादा ठंडी हवा में साँस लेने के लिए उसने अपनी कार की खिड़की खोल दी। इससे उसका दिमाग़ तरोताज़ा हो गया और अगली शिक्षिका उसे जो बताने वाली थी, उसके लिए वह तैयार हो गया।

पैट शिक्षिका थीं - एक कॉलेज में भौतिकी की प्रोफ़ेसर। पैट ने उसे अपने इंस्टीट्यूट की वेबसाइट लिंक भेज दी थी। नतीजा यह हुआ कि पैट से मिलने से पहले ही केन उनके प्रति श्रद्धायुक्त भय रखने लगा। वे तमाम तरह के पुरस्कार जीत चुकी थीं और कुछ बहुत आश्चर्यजनक खोजें कर चुकी थीं। उनके नाम पर एक वैज्ञानिक अवधारणा का भी नामकरण हुआ था। जब उसने पहाड़ी के ऊपर पैट के घर के सामने कार रोकी, तो वहाँ से शहर का सुंदर नज़ारा दिख रहा था। उसके मन में पागलपन भरा विचार आया कि कहीं मुलाक़ात के अंत में वे उसकी परीक्षा न लेने लगें।

पैट ने खिली मुस्कान के साथ दरवाज़ा खोला। दो लैब्राडोर पूँछ हिलाते हुए बाहर निकले। जब वह चलकर अंदर आया, तो उसे कॉफ़ी की स्वागत भरी ख़ुशबू आई। लेकिन पैट के हुलिए को देखकर वह थोड़ा आश्चर्यचकित था और पैट ने इसे तुरंत भाँप लिया।

"आपको इसकी उम्मीद नहीं थी?" उन्होंने कहा और वे अब भी मुस्करा रही थीं।

"माफ़ करें, उह... मैं, उह..." केन ने ऑफ़िस के बाद जीन्स और टी-शर्ट पहन ली थी; वह जानता था कि पैट उस दिन घर से ही ऑफ़िस का काम कर रही थीं। अगर वह घर पर काम करता, तो शायद सारे समय जीन्स ही पहनता। पैट ने जीन्स पर कैज़ुअल टी-शर्ट पहनी थी, जो अंदर दबी नहीं थी। अजीब बात यह थी कि उन्होंने ऊँची हील वाले जूते भी पहन रखे थे।

पैट हँसीं और उसे किचन की ओर ले गईं। उनकी हील टाइल वाली फ़र्श पर खटखट की आवाज़ कर रही थी। वे हँसते हुए बोलीं, "ओह हाँ, इसका कारण मैं बाद में बताऊँगी!" केन ने कंधे उचकाए और दबी हँसी निकाली। उसने सोचा, अगर आप पदार्थ, काल और अंतरिक्ष के रहस्य सुलझा रहे हों, तो आप जो चाहे वह पहन सकते हैं।

पैट ने उसके लिए कॉफ़ी उड़ेली। हर अच्छे शिक्षक की तरह पैट भी यह पता लगाने के लिए उत्सुक थीं कि केन ने अपने पिछले सत्र में क्या सीखा था।

"देखिए, मुझे महसूस हुआ कि प्रेरणा की कमी मुझे चीज़ें हासिल करने से रोक रही थी, लेकिन कार्लोस ने मेरी आँखें खोल दीं और बताया कि मैं इस स्थिति को दूसरे तरीक़े से भी देख सकता हूँ," केन ने कहा और अपनी नोटबुक खोलकर पैट को वह रेखाचित्र दिखाया, जो कार्लोस ने खींचा था।

पैट ने सिर हिलाकर उसे आगे बोलते रहने के लिए प्रोत्साहित किया, इसलिए उसने प्रेरणा और कार्य संबंधी मुख्य बिंदु पढ़े :

1. प्रेरणा बढ़ाने का सबसे अच्छा तरीक़ा कार्य को बढ़ाना है।
2. मैं किसी कार्य को जितना ज़्यादा करूँगा, उसे करने के लिए उतना ही ज़्यादा प्रेरित होऊँगा।

3. शुरू करने का तरीक़ा कार्य करना है - भले ही यह कोई छोटा कार्य ही क्यों न हो।
4. मेरे लक्ष्य स्पष्ट होने चाहिए।
5. मुझे ऐसे कार्य चुनना चाहिए, जो मेरे लक्ष्य (प्रभावकारिता) हासिल करने में मेरी मदद करें और फिर मुझे उनमें निपुण बनना चाहिए (कार्यकुशलता)।

पैट के चेहरे पर मुस्कान आ गई, लेकिन उनकी आँखों में थोड़ा खोया-खोया भाव भी था - केन समझ गया कि उनके "दिमाग़ की बत्ती" जल गई थी। पैट ने कहा, "ज़रा इधर आएँ, केन!" वह पैट के पीछे-पीछे गलियारे में चल दिया। रास्ते में पैट ने उसका परिचय अपने दो बच्चों से कराया, जो होमवर्क करने में व्यस्त थे।

केन को लग रहा था कि वे पैट के ऑफ़िस की ओर जा रहे हैं, इसलिए वह हॉल के अंत में एक बड़े खुले प्लेरूम में ख़ुद को पाकर हैरान हुआ। वहाँ खिलौने और जिम के उपकरण बिखरे हुए थे। वहाँ एक एयर हॉकी टेबल भी थी।

"एयर हॉकी ज़्यादा खेली है, केन?" पैट ने पूछा, हालाँकि केन के चेहरे के भाव ने उनके सवाल का पहले ही जवाब दे दिया था।

"आप यह कह सकती हैं," केन ने कहा। "आपके बच्चे वाक़ई ख़ुशक़िस्मत हैं।" वह एक पैडल उठाने से ख़ुद को रोक नहीं पाया।

पक (एयर हॉकी की डिस्क) टेबल के बीच में रखी थी।

"आइए, एक पल के लिए कल्पना करें कि वहाँ जो पक रखी है; वह आप हैं," पैट ने कहा। "आप प्रेरणाहीन महसूस कर रहे हैं, कोई क़ार्य शुरू नहीं कर पाते। आप अटके हुए हैं, गतिहीन हैं।"

"ठीक है," केन ने कहा। उसे मालूम था कि यह कैसा महसूस होता है।

"आपके साथ क्या होगा, केन?"

"देखिए, मुझे लगता है कि मैं अनिश्चित काल तक वहीं पर बैठा रहूँगा, कुछ न करते हुए, आगे न बढ़ते हुए।" उसकी आवाज़ धीमी हो गई थी। "जब तक कि..." वह सीधा हुआ, टेबल पर झुका और अपने पैडल

से पक को मारकर उसे गतिमान कर दिया।

"हाँ!" पैट ने एक पैडल उठाया और पक को हल्का धक्का दिया, जब यह टेबल के उनके सिरे पर पहुँची। "अब आप गति में हैं!"

फिर पैट ने एयर जेट्स चालू कर दिए और वे दोनों सामान्य अंदाज़ में पक को इधर से उधर मारते रहे। उन्होंने केन से पूछा, "क्या आप हैरान होंगे, अगर मैं आपको बताऊँ कि आपने अभी-अभी भौतिकी के एक बुनियादी नियम को देखा है? सटीकता से कहें, तो सर आइज़ैक न्यूटन का गति का पहला नियम।"

"न्यूटन का पहला नियम क्या है?" केन ने कहा। वह जानता था कि वे अपने क्षेत्र के शिखर पर थीं, इसलिए उसने मान लिया था कि वे उत्कृष्ट बनने के बारे में सलाह देंगी - लेकिन वास्तविक *भौतिकी*?

"एक प्रतिशत के फ़ॉर्मूले का एक प्रमुख हिस्सा यह गति का नियम है, जिसे न्यूटन ने पहली बार खोजा था," पैट ने कहा। केन उनकी बातों पर पूरा ध्यान दे रहा था, यह सुनिश्चित करते हुए उन्होंने उसे नियम बता दिया :

"जब तक कि किसी बाहरी शक्ति द्वारा कार्य न किया जाए, स्थिर अवस्था में रखी गई वस्तु स्थिर ही बनी रहती है और गतिमान वस्तु गतिमान ही बनी रहती है।"

"मुझे इसे स्पष्ट करने दें। अगर पक स्थिर अवस्था में है, तो यह स्थिर अवस्था में ही बनी रहेगी, जब तक कि कोई शक्ति पक पर कार्य न करे। दूसरी तरफ़, अगर यह गतिमान है, तो यह गतिमान ही बनी रहेगी, जब तक कि कोई शक्ति पक पर कार्य न करे।" पैट ने सिर हिलाया और केन के "दिमाग़ की बत्ती" जैसे जल उठी।

उसने कहा, "इसीलिए मैं कई बार ऐसे दौर से गुज़रता हूँ, जब मैं ज़्यादा कुछ नहीं कर पाता हूँ - जब तक कि कोई घटना मुझे गतिमान नहीं कर देती है।"

"बिलकुल, केन। आप एक जानी-पहचानी लीक में अटक जाते हैं, लेकिन फिर कोई बाहरी परिस्थिति आती है - यह अर्थव्यवस्था का परिवर्तन हो सकता है, कोई बीमारी या आपके पारिवारिक जीवन में कोई परिवर्तन हो सकता है। शक्ति चाहे जो हो, यह आपको क्रियाशील कर देती है - जिस

तरह कि आपने पक को मारकर उसे क्रियाशील कर दिया।"

केन इस सिद्धांत के अर्थ समझने पर ध्यान केंद्रित कर रहा था। जब वह सोच-विचार में खोया था, तो पैट ने पक को उसके ठीक सामने वाले गोल खाँचे में डाल दिया। उसने इसे उठाया, दोबारा खेल में लाया और बोला, "जब मैं ख़ुद को हिलाने के लिए किसी परिस्थिति का इंतज़ार करता हूँ, तो मैं अंततः शायद ही कभी वह कर पाता हूँ, जो मैं सचमुच करना चाहता हूँ। मैं तो बस आवश्यक कार्य ही करता हूँ, जो मुझे करना ही होता है।"

"देखिए, यही तो इसकी ख़ूबी है, केन। आप निर्जीव हॉकी पक नहीं हैं, बल्कि इच्छाशक्ति वाले इंसान हैं, इसलिए आपको बैठकर उन परिस्थितियों का इंतज़ार करने की ज़रूरत नहीं हैं, जो आपको सक्रिय होने के लिए विवश कर दें।"

"आप वह कर सकते हैं, जिसका कार्लोस ने सुझाव दिया था : अपने जीवन के किसी एक क्षेत्र (जो आपके लिए महत्त्वपूर्ण हो) को बेहतर बनाने के लिए कोई एक कार्य करें। चूँकि न्यूटन का नियम कारगर है, इसलिए एक बार जब आप ख़ुद को गति में ले आते हैं, तो आप गति में ही बने रहेंगे।"

चूँकि न्यूटन का नियम कारगर है, इसलिए एक बार जब आप ख़ुद को गति में ले आते हैं, तो आप गति में ही बने रहेंगे।

"लेकिन एक पल ठहरें, अगर यह सच होता, तो वह पक अंत में टेबल पर स्थिर कैसे हो गई?" केन ने पूछा। "यदि कोई गतिमान चीज़ गति में ही बनी रहती है, तो पक को तो अब भी टेबल पर चारों तरफ़ कूदते रहना चाहिए था।"

"यह बताएँ केन, आप कब मेरे कोर्स में नाम लिखा रहे हैं?" पैट ने जवाब दिया और उनकी आँखें चमक रही थीं। केन उस तरह का विद्यार्थी था, जिसे सिखाना मज़ेदार था।

उन्होंने एयर जेट का स्विच बंद कर दिया और पक को टेबल पर बहुत धीमे से रख दिया। उन्होंने पक को धीमे होते देखा और अंत में यह टेबल के बीच में रुक गई। केन ने थोड़े विजयी अंदाज़ से पैट की ओर देखा, मानो कह रहा हो, "देखा!"

"घर्षण, केन," प्रोफ़ेसर ने आख़िरकार कहा। "एयर जेट्स की वजह से घर्षण कम स्पष्ट था। अब मैंने उन्हें बंद कर दिया है, इसलिए हम देख सकते हैं कि दरअसल एक शक्ति है, जो पक पर कार्य कर रही है।"

"बस बात यह है कि यह एक *अदृश्य* शक्ति है," केन ने धीरे से कहा, "और एयर जेट्स के चलने पर भी थोड़ा-बहुत घर्षण होता है, इसलिए अगर आप पक को मारना बंद कर देते हैं, तो यह रुक जाती है।"

"सही कहा," उन्होंने जवाब दिया। "एक बार जब कोई शक्ति किसी चीज़ को रोक देती है, तो न्यूटन हमें बताते हैं कि *निष्क्रियता* इसे वहाँ रोके रखती है। निष्क्रियता उत्कृष्टता की चाह रखने वाले हर व्यक्ति की शत्रु है, क्योंकि यह आपको आगे नहीं बढ़ाती है, बल्कि गतिहीन, विश्राम की अवस्था में बनाए रखती है। इसीलिए प्रेरणा-कार्य समीकरण के कार्य वाले हिस्से से शुरू करना इतना महत्त्वपूर्ण है।"

"क्योंकि एक पैर को दूसरे पैर के सामने रखकर ही मैं ख़ुद को गति में ले आऊँगा," केन ने कहा और अब वह इसे पूरी तरह समझ गया था।

"हाँ," पैट सहमत थीं और उन्होंने आगे कहा, "एक बार जब आप गति में आ जाते हैं, तो आप उस शुरुआती निष्क्रियता से उबर चुके हैं, जो आपको अपनी जगह पर रोके हुए थी। उस बिंदु पर आपने गति की जो शक्ति बनाई है, वह आपको आगे बढ़ाती रहती है। अगर आप सही दिशा में हैं, तो आप प्रगति करते रहेंगे।"

"जब तक कि कोई बाहरी शक्ति मुझे रोक न दे," केन ने कहा।

"हाँ, एक बार फिर बाहरी परिस्थितियाँ। कई बार आपका उन पर कोई नियंत्रण नहीं होता," पैट ने कहा, "लेकिन अगर आप हर बार इस नियम पर लौटते हैं, तो आप हमेशा ख़ुद को गति में ला सकते हैं और हर दिन 1 प्रतिशत सुधार के अपने लक्ष्य की दिशा में कार्य कर सकते हैं।"

पैट ने एक बार फिर एयर जेट्स चालू किए, अपना पैडल उठाया और मुस्कराईं। "अब थोड़े विराम का समय है, आपको नहीं लगता?"

•••●•••

जब पैट के बच्चों ने होमवर्क निबटा लिया, तो वे एयर हॉकी पैडल्स लेने के लिए आ गए और केन बातचीत जारी रखने के लिए पैट के पीछे-पीछे उनके ऑफ़िस में पहुँच गया। दीवारें ज़्यादातर काँच की थीं और पैट की डेस्क पर उनके सामने बैठे केन को ऐसा लगा, मानो उनके चारों तरफ़ सिर्फ़ ऊँचे हरे पेड़ और नीला आसमान है।

"मुझे महसूस होता है, जैसे मुझे ढेर सारे सुधार करने चाहिए," उसने कहा। "लेकिन कार्लोस ने इस बात पर ज़ोर दिया था कि मैं सिर्फ़ एक ही छोटे कार्य को चुनूँ। मैं जानता हूँ कि मैंने अभी-अभी शुरू किया है, लेकिन फिर भी मैंने इस बात पर ग़ौर किया है कि मेरी पत्नी, बच्चे और सहकर्मी मेरे प्रयासों की क़द्र नहीं करते हैं - दरअसल, वे मेरी ओर कुछ इस तरह देखते हैं, मानो मैं किसी दूसरे ग्रह से आया हूँ।"

"मैं सोचता हूँ कि अगर मैंने सिर्फ़ एक छोटा परिवर्तन ही किया, तो मेरा जीवन कितना सुधर सकता है या बेहतर बन सकता है। क्या यह परिवर्तन वाक़ई महत्त्वपूर्ण होगा?"

"हाँ केन, यह होगा। मैं इसे पक्के तौर पर जानती हूँ," पैट ने निश्चितता के साथ कहा। "मैं आपको एक कहानी बताती हूँ। जब मेरे इंस्टीट्यूट ने मुझे सप्ताह में कुछ दिन घर पर रहकर काम करने की अनुमति दी, तो मैं होम ऑफ़िस की संभावना पर उछल पड़ी। यह आदर्श लग रहा था, क्योंकि मुझे आने-जाने में एक-एक घंटे की यात्रा करनी पड़ती थी, जिससे मैं पगला रही थी। मैंने सोचा, सप्ताह में कुछ दिन घर पर रहकर काम करने का मतलब होगा कम व्यवधान आएँगे और मैं ज़्यादा उत्पादक बन जाऊँगी।"

"देखिए, जो मैं सोच रही थी, वह नहीं हुआ - कम से कम शुरू में तो नहीं। दरअसल, मैं घर में और बाहर भी तमाम तरह के काम खोजने लगी। मैं नौकरी संबंधी कामों को परे रखने लगी और सोचने लगी कि ज़रूरत पड़ने पर मैं उन्हें रात को कर सकती हूँ।"

"मेरे सप्ताहों का अंत इस तरह हुआ कि मुझे जितना काम करना होता था, उसका केवल आधा ही कर पाती थी। फिर मुझे रात भर काम करना पड़ता था। मेरा हाल तो मेरे विद्यार्थियों जैसा था, जब उन्हें मुझे कोई पेपर लिखकर देना होता था!" उनके चेहरे पर एक दुखद भाव आया, जब वे आगे बोलीं, "सच कहूँ, तो इससे मुझे बहुत ज़्यादा तनाव हो रहा था।"

"कायाकल्प इनके रूप में आया," उन्होंने कहा और अपने पैर बग़ल में लहराते हुए अपनी हीलों को एक साथ टकराया। "मेरी बहन ने मुझे ये जूते देते हुए कहा कि ये मेरे कामकाजी जूते हैं। उसने कहा, उन्हें पहनने का मतलब था कि मैं काम शुरू कर रही हूँ और उन्हें उतारने का मतलब था कि मेरा दिन का काम ख़त्म हो गया है। इन जूतों ने चमत्कार कर दिया। जब मैं उन्हें पहनती हूँ, तो मैं काम के सिवा कोई दूसरी चीज़ करना गवारा नहीं कर सकती। अब मेरा काम दिन में ही निबट जाता है; अब तो मेरे विद्यार्थी ही हैं, जो रात भर काम करते हैं। दरअसल, अब मेरी उत्पादकता तब के मुक़ाबले ज़्यादा है, जब मैं हर दिन ऑफ़िस जाती थी।"

"मुझे लगता है कि आप कह सकती हैं कि यह कार्य में सिर्फ़ एक छोटा परिवर्तन था, जो बड़े परिणाम की ओर ले गया!" केन ने कहा। "आप जानती हैं, इससे मुझे मेरे एक कज़िन की याद आती है, जो एक बेकरी और कॉफ़ी शॉप चलाता था। उसके स्टोर के सामने कोई विंडो नहीं थी, प्रवेश द्वार भी गहरा था और उसे बाहर फ़ुटपाथ पर साइन बोर्ड लगाने की अनुमति नहीं थी। लोगों को उसकी दुकान दिखती ही नहीं थी। फिर एक दिन उसके दिमाग़ में एक ज़बर्दस्त विचार आया। उसने दरवाज़े के ठीक बाहर एक तरफ़ एक छोटी टेबल लगाई। उस पर उसने कुछ ताज़ा बेक की हुई चीज़ों और टेबल फ़ैन को भी रखा तथा पंखा चला दिया।"

"लोग रुककर आस-पास देखने लगे, जब तक कि उन्हें यह पता नहीं चला कि ख़ुशबू कहाँ से आ रही थी। उसकी बिक्री एक सप्ताह में ही दोगुनी हो गई! टेबल उसके गैराज में पहले से ही थी और पंखे का मूल्य 12 डॉलर था। वह इसे एक अकस्मात घटी चीज़ कहता है, सिर्फ़ ख़ुशक़िस्मती मानता है, लेकिन क्या यह वैसा ही छोटा परिवर्तन है, जिसकी तलाश करने की आप सलाह दे रही हैं?"

"हाँ, केन। वास्तव में, यह लीवरेज (उत्तोलन) का बेहतरीन उदाहरण है। लीवरेज भौतिकी का अगला नियम है, जिसके बारे में मैं आपको बताना चाहती हूँ," पैट ने कहा और उत्सुकता से आगे की ओर झुकीं। "लीवरेज व्यवहार में एक छोटे परिवर्तन की शक्ति को बढ़ा देता है। इसकी बदौलत आप एक छोटा परिवर्तन करके ज़्यादा बड़ा परिणाम या सुधार देख सकते हैं।"

"फिर से न्यूटन?" केन ने आगे झुकते हुए उत्सुकता से पूछा।

"नहीं, इस बार हमें और पीछे जाना होगा - प्राचीन यूनानी आर्कमिडीज़ तक।"

पैट ने डेस्क से कुछ काग़ज़ हटाए और नीचे पेंसिल रखकर उसके ऊपर एक रूलर को संतुलित कर दिया। फिर उन्होंने पास के बुकशेल्फ़ से एक बड़ी हार्डकवर डिक्शनरी उठाई और केन के सामने रख दी। "अच्छा तो अब आप इस डिक्शनरी को डेस्क से उठाएँ - एक अँगुली से।"

वह एक अँगुली से डिक्शनरी को टेबल से थोड़ा सा उठा पाया, लेकिन यह आसान नहीं था।

उन्होंने डिक्शनरी उसके हाथ से लेकर रूलर के एक सिरे पर रख दी। "अब रूलर के दूसरे सिरे - लीवर - को एक अँगुली से धकाने की कोशिश करें।"

केन के बहुत कम प्रयास से डिक्शनरी टेबल से पूरी उठ गई।

"आर्कमिडीज़ ने इसे इस तरह कहा था कि मुझे एक पर्याप्त लंबा और शक्तिशाली लीवर दे दें; मुझे एक धुरी दे दें; खड़े रहने की जगह दे दें - और मैं संसार को हिला दूँगा। रोचक बात, है ना?"

"मैं संसार को हिला दूँगा," केन ने दोहराया और लीवर दबाकर डिक्शनरी को कुछ और बार उठाया।

मैं संसार को हिला दूँगा।

"आप जो भी कार्य करते हों, उसमें छोटा सा सही परिवर्तन आपके लगाए प्रयास की तुलना में ज़्यादा बड़े परिणाम देता है। किसी भी क्षेत्र में जो लोग शिखर पर हैं, वे उच्च-लीवरेज वाले कार्यों के अवसर पहचानने और उनका इस्तेमाल करने में बहुत निपुण होते हैं," पैट ने कहा।

"तो यह दरअसल आपके कार्य करने के तरीक़े में छोटा सा सही परिवर्तन करने के बारे में है," केन ने कहा। "मेरा मतलब है, ख़ास जूते पहनना कोई बड़ा प्रयास नहीं है, न ही वह कार्य जो मेरे कज़िन ने किया। लेकिन परिणाम प्रयास की तुलना में बहुत ज़्यादा बड़े हैं।"

"सही कहा, केन। यह 20/80 सिद्धांत है। हो सकता है आपने इसके

बारे में सुना हो - कई बार इसे परेटो सिद्धांत भी कहा जाता है।"

केन ने सिर हिलाया; उसने जिन कंपनियों में काम किया था, वहाँ प्रशिक्षण सत्रों में उसका इससे पाला पड़ चुका था। पैट ने इसे उलट-पुलट दिया था और 80/20 के बजाय 20/80 सिद्धांत कह दिया था, लेकिन यह समझ में आता था - दिन ढल रहा था।

"यह सब अर्थशास्त्री परेटो से शुरू हुआ, जिन्होंने इस बात पर ग़ौर किया कि 20 प्रतिशत लोग 80 प्रतिशत दौलत के स्वामी होते हैं," पैट ने कहा। "बाद में पता चला कि यह संबंध हर जगह देखा जा सकता है। औसतन किसी कंपनी के 20 प्रतिशत प्रॉडक्ट्स इसकी 80 प्रतिशत आमदनी के लिए ज़िम्मेदार होते हैं; रेस्तराँओं की 80 प्रतिशत आमदनी उनके मेन्यू के 20 प्रतिशत व्यंजनों से होती है। कॉलेज में तक़रीबन 20 प्रतिशत विद्यार्थियों को मेरे लगभग 80 प्रतिशत समय की ज़रूरत होती है। आप भी शायद 20/80 सिद्धांत को हर दिन सक्रिय देख सकते हैं।"

केन ने उन सभी 20/80 विभाजनों के बारे में सोचा, जिन्हें वह अपनी नौकरी में देख सकता था।

फिर वह बोला, "पैट, मैं निश्चित रूप से इसे अपने जीवन के सभी पहलुओं में सक्रिय देख सकता हूँ - लेकिन शायद आपको पता होना चाहिए कि इसे दरअसल 80/20 सिद्धांत कहा जाता है।" वह नहीं चाहता था कि इतनी चतुर महिला दूसरों के सामने ग़लत शब्दावली का इस्तेमाल करके लज्जित हो। "आम तौर पर इसका इस्तेमाल *वस्तुओं* के मामले में किया जाता है - जैसे किसी कंपनी के 80 प्रतिशत प्रॉडक्ट्स इसकी 20 प्रतिशत बिक्री के लिए ज़िम्मेदार होते हैं, जैसा कि आपने अभी-अभी ज़िक्र किया था। लेकिन शायद हम इस बारे में बात कर रहे थे कि हम चीज़ें करने के अपने तरीक़ों को कैसे बदलें।"

"ओह, हाँ! गंभीरता से, आप मेरी कक्षा में कब दाख़िला ले रहे हैं?" वे डेस्क के पीछे से उछलीं और एक बड़ा व्हाइटबोर्ड खोल दिया। स्पष्ट रूप से वे इसके एक सिरे पर कोई समस्या सुलझा रही थीं - पैट की लिखी बातें केन को शब्दों के बजाय चित्रलिपि जैसी लग रही थीं - इसलिए पैट ने इसे दूसरी तरफ़ कर दिया, जो साफ़ था।

"हमारा व्यवहार - यदि आप चाहें, तो कह सकते हैं हमारा कार्य - निश्चित परिणामों की ओर ले जाता है।" उन्होंने रेखाचित्र खींचा :

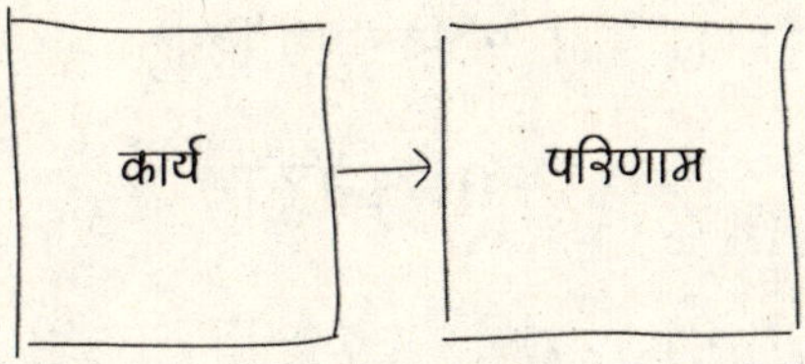

"20/80 सिद्धांत यहाँ भी लागू होता है। यह किसी वेअरहाउस के प्रॉडक्ट्स और ग्राहकों जैसे बाहरी घटकों से परे जाता है। इसका संबंध सीधे आपसे है, केन। हर व्यक्ति से है। इसका संबंध सीधे आपसे, आपके कार्यों से और उन कार्यों द्वारा उत्पन्न परिणामों से है।"

अगर हम अपने कार्य करने के तरीक़ में एक छोटा परिवर्तन कर दें, तो लीवरेज की शक्ति के कारण हमें ज़्यादा बड़े आकार के परिणाम मिल सकते हैं।

"हम जानते हैं कि अगर हम अपने कार्य करने के तरीक़े में एक छोटा परिवर्तन कर दें, तो लीवरेज की शक्ति के कारण हमें ज़्यादा बड़े आकार के परिणाम मिल सकते हैं। सही है?"

"हाँ," केन ने कहा और फिर पैट ने रेखाचित्र में जोड़ा :

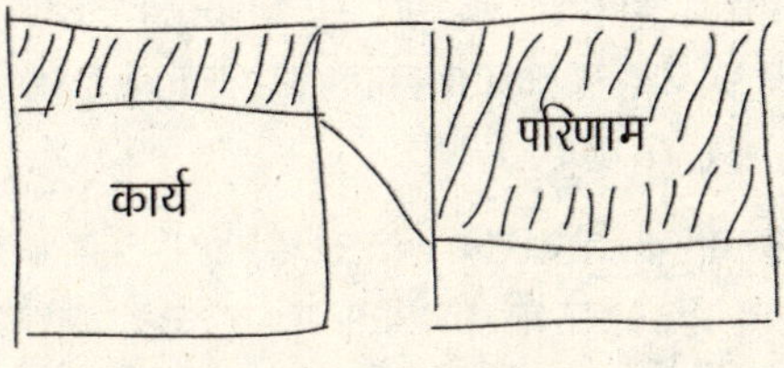

"जैसा आप देख सकते हैं, आपको परिणामों पर ध्यान केंद्रित नहीं करना चाहिए; आपको तो उन व्यवहारों पर ध्यान केंद्रित करना चाहिए, जो

ज़्यादा आकार के परिणाम उत्पन्न करते हैं। आपको ऐसे कार्यों को पहचानने और शुरू करने की ज़रूरत है, जो ज़्यादा बड़े परिणाम उत्पन्न करें," पैट ने कहा। "इसीलिए मैं इसे 20/80 सिद्धांत कहती हूँ।"

उन्होंने एक शीर्षक देकर रेखाचित्र पूरा किया :

20/80 सिद्धांत

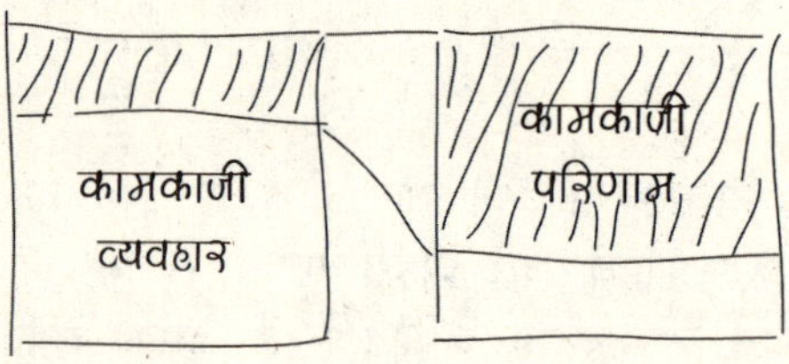

"इसे 20/80 सिद्धांत कहने से हमारा ध्यान वहाँ केंद्रित होता है, जहाँ इसे सचमुच केंद्रित होना चाहिए : *हमें अपने कार्यों में उन छोटे परिवर्तनों पर ध्यान केंद्रित करने की ज़रूरत होती है, जो हमारे परिणामों में बड़े परिवर्तन उत्पन्न करें।*"

"20/80 सिद्धांत," केन ने कहा और इसकी कठोर परीक्षा ली। उसे इसकी खनक पसंद आई थी और इससे सचमुच फ़ोकस वहीं आ गया, जहाँ इसे होना चाहिए था। "उस आम उदाहरण के साथ भी, जिसमें किसी कंपनी के 20 प्रतिशत प्रॉडक्ट्स 80 प्रतिशत आमदनी के लिए ज़िम्मेदार होते हैं, मैं देख सकता हूँ कि इसे 20/80 सिद्धांत मानने से ज़्यादा मदद मिलती है। पहले 80 प्रतिशत आमदनी के बारे में सोचने के बजाय पहले उन 20 प्रतिशत प्रॉडक्ट्स के बारे में सोचना ज़्यादा उपयोगी होता है, जो 80 प्रतिशत आमदनी उत्पन्न कर रहे हैं।"

उसने कंपनियों के लिए उन बेहतर परिणामों की कल्पना की, बशर्ते वे उन 20 प्रतिशत प्रॉडक्ट्स की विशेषताओं पर, उन्हें ख़रीदने वाले ग्राहकों पर ध्यान केंद्रित करें और बाज़ार में वैसे ही नए प्रॉडक्ट्स लाएँ आदि। फिर केन मुस्कराया और उसे अहसास हुआ कि 80/20 के बजाय 20/80 पर ध्यान केंद्रित करना भी कार्य में एक छोटे परिवर्तन का उदाहरण था, जो बड़े

आकार के परिणाम उत्पन्न कर सकता था, क्योंकि इसकी वजह से आप काम के उन छोटे परिवर्तनों पर ध्यान केंद्रित करने लगते थे, जो उपलब्धि में बड़े परिवर्तन उत्पन्न कर सकते थे।

"आपको देखना चाहिए कि कार्लोस ने लीवरेज की शक्ति समझने के बाद अपनी कंपनी में क्या किया," पैट ने कहा। "उन्होंने कंपनी के हर व्यक्ति को एक प्रतिशत का फ़ॉर्मूला बताया और उन सभी से कहा कि वे 1 प्रतिशत बेहतर बनने के लिए ख़ुद को समर्पित करें।"

"मैं सोचता हूँ कि यह बहुत बढ़िया है," केन ने कहा। "मेरा मतलब है, 1 प्रतिशत सुधार से कौन इंकार कर सकता है?"

"बिलकुल। फिर उन्होंने अपने अधीनस्थ लोगों के साथ बहुत समय लगाकर व्यवहार के उन छोटे परिवर्तनों को पहचाना, जिनसे बड़े आकार के परिणाम मिलें।"

"उन्होंने जो एक चीज़ की, वह बहुत सरल थी। उन्होंने यह सुनिश्चित किया कि हर व्यक्ति अपने सहकर्मियों से ज़्यादा सम्मानजनक और सकारात्मक व्यवहार करे, क्योंकि शोध से पता चलता है कि आप एक-दूसरे के साथ जैसा व्यवहार करते हैं, अंततः अपने ग्राहकों के साथ भी वैसा ही व्यवहार करने लगते हैं।"

"फिर वे सेल्स डिपार्टमेंट में गए और अपने तीन सेल्स मैनेजरों के साथ काम करके उच्च-लीवरेज वाले उन दो-तीन परिवर्तनों को पहचाना, जो सेल्समैन अपनी कार्यशैली में कर सकते थे। परिवर्तन करना सेल्समैनों के लिए इतनी बड़ी बात नहीं थी, लेकिन उन परिवर्तनों से कंपनी का मुनाफ़ा काफ़ी बेहतर हो गया।"

"कार्लोस कहते हैं कि परिणाम आश्चर्यजनक थे। हो सकता है कि परिवर्तन तुलनात्मक रूप से छोटे हों, लेकिन वे उच्च-लीवरेज वाले परिवर्तन थे, इसलिए उनकी कंपनी अब और भी ज़्यादा लाभकारी है।"

"कुछ महीनों बाद मेरे पास आकर उन्होंने एक रोमांचक खोज के बारे में बताया," उन्होंने कहा। "परिवर्तनों का एक साइड इफ़ेक्ट (गौण प्रभाव) था - एक आश्चर्यजनक साइड इफ़ेक्ट।"

"जब आप तालाब के बीच में एक पत्थर गिराते हैं, तो इससे लहरें

उठकर बाहर की ओर फैलती हैं और पूरे तालाब पर असर डालती हैं। यही एक प्रतिशत के फ़ॉर्मूले के साथ होता है। एक बार जब आप अपने कार्य करने के तरीक़े में सही परिवर्तन शुरू कर देते हैं, तो प्रभाव बाहर की ओर फैलता है और प्रवेश के शुरुआती बिंदु के आस-पास सभी संबंधों को प्रभावित करता है।"

"सचमुच?" केन ने पूछा। "किस तरह?"

"कार्लोस के मामले में जल्द ही कंपनी का *हर व्यक्ति* अपने काम में ज़्यादा पूर्णता से संलग्न हो गया। कर्मचारी अपने मैनेजरों के पास जाकर उन परिवर्तनों के सुझाव देने लगे, जिनसे ज़्यादा आकार के परिणाम मिल सकें।"

"तो, हो यह रहा था कि कंपनी में कई लोगों ने अपने व्यवहार में कुछ छोटे लेकिन लीवरेज वाले परिवर्तन कर लिए थे, जिसके फलस्वरूप काफ़ी सुधार हुआ," केन ने कहा और यह सुनिश्चित करना चाहा कि उसने बात को सही समझा है। "इससे कोई फ़र्क़ नहीं पड़ता था कि उन्होंने जो किया था, वह केवल 1 प्रतिशत परिवर्तन था, क्योंकि यह ऐसा परिवर्तन था, जिसने ज़्यादा बड़े आकार के परिणाम दिए। लहरें पूरी कंपनी में फैल गईं।"

"सही कहा, केन। एक बार जब लोगों ने परिणाम देखे, तो वे दूसरी नई चीज़ें आज़माने के लिए प्रेरित हो गए। जब वे कारगर रहीं, तो वे यह कार्य और ज़्यादा करते रहे। वैसे यह गति क़ायम रखने का ऐसा उदाहरण है, जो असली ज़िंदगी से लिया गया है। इससे हम प्रेरणा-कार्य रेखाचित्र पर वापस लौट आते हैं, देखा?" पैट ने कहा और केन की नोटबुक का पन्ना पलटा। उन्होंने पेंसिल उठाई और पूछा, "क्या मैं इसमें कुछ जोड़ सकती हूँ?"

"ज़ाहिर है," केन ने कहा।

पैट ने एक शब्द लिखा, जिससे अब यह इस तरह हो गया :

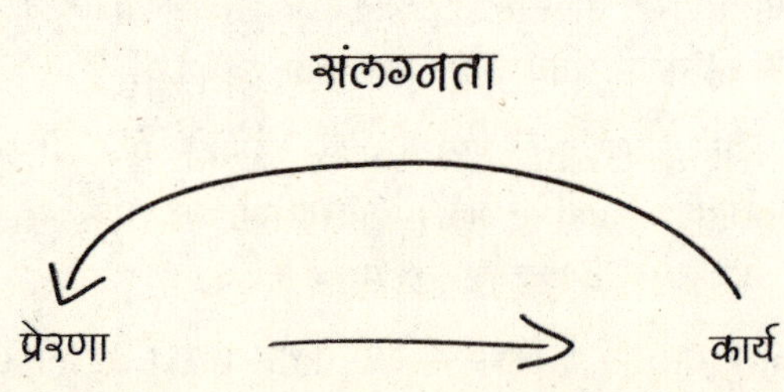

केन ने बाहर पेड़ के ऊपरी हिस्सों को देखा और पल भर के लिए सोचा कि उच्च-लीवरेज वाले सही परिवर्तन उसके ऑफ़िस में कैसा प्रभाव डाल सकते हैं। उसने कल्पना की कि यह कैसा होगा, जब प्रभाव पूरे ऑफ़िस में लहर की तरह फैलेगा और जब प्रेरणा-कार्य चक्र की बदौलत हर व्यक्ति अपनी नौकरी में ज़्यादा संलग्नता महसूस करने लगेगा। उसने सपना देखा कि गति पूरी प्रक्रिया को जारी रखने में कैसे मदद करेगी।

उसे हर चीज़ को जज़्ब करने के लिए पल भर का समय देने के बाद पैट ने आगे कहा, "देखिए केन, मैं आपको यह आभास नहीं देना चाहती कि यह एक ऐसी चीज़ है, जो सिर्फ़ बड़े कॉरपोरेशनों के लिए है। मैं हमेशा अपने विद्यार्थियों को बताती हूँ कि भौतिकी के नियम हर उस चीज़ पर लागू होते हैं, जिसे हम चारों ओर देख सकते हैं - और बहुत सारी ऐसी चीज़ों पर भी, जिन्हें हम नहीं देख सकते! मैं यही बात आपसे भी कहना चाहती हूँ।"

"ये सिद्धांत आपके जीवन के हर पहलू पर लागू होते हैं। वे करियर, सेहत, फ़िटनेस और किसी नई योग्यता को सीखने या किसी पुरानी योग्यता को निखारने पर भी लागू होते हैं," उन्होंने कहा।

"संबंधों पर?" केन ने पूछा।

"एक प्रतिशत का फ़ॉर्मूला मेरी निजी ज़िंदगी में वाक़ई महत्त्वपूर्ण रहा है," पैट ने जवाब दिया। "जब कार्लोस ने मुझे उनके परिणामों के बारे में बताया और मैंने देखा कि लीवरेज और गति को मिलाकर सही तरीक़े से उपयोग करना संलग्नता में बदल सकता है, तो मुझे एक ऐसी चीज़ का अहसास हुआ, जिस पर मुझे गर्व नहीं था," उन्होंने धीरे से कहा।

एक प्रतिशत का फ़ॉर्मूला मेरी निजी ज़िंदगी में वाक़ई अहम रहा है।

केन जल्दी से खिड़की के बजाय उनकी ओर देखने लगे।

"मैं अपने विवाह में पूरी तरह संलग्न नहीं थी। मैं अपने बच्चों के साथ पूरी तरह संलग्न नहीं थी। मैं पूरी तरह से मौजूद नहीं थी।"

केन अब सिर हिला रहे थे, एक दोस्ताना संकेत दे रहे थे, ताकि वे जान सकें कि वे निश्चित रूप से अकेली नहीं थीं।

"ओह, मेरे भीतर की वैज्ञानिक ऐसी बातों की आदी नहीं है, लेकिन देखिए मैंने दरअसल छोटी चीज़ों से शुरू किया। वे अब एक तरह से हास्यास्पद लगती हैं..."

"पैट, आगे बोलें। मैं शर्त लगाता हूँ कि आप जितना सोचती हैं, वे उससे बहुत कम हास्यास्पद होंगी और बहुत मददगार भी होंगी।"

"ठीक है, तो सबसे पहले मैंने निर्णय लिया कि जब मेरे परिवार वाले मुझसे बात करेंगे, तो मैं अपना ध्यान भटकने नहीं दूँगी। सुनते समय मैं उनसे नज़रें मिलाकर उन पर पूरा ध्यान दूँगी।"

"हर दिन मैं एक चीज़ करूँगी, जो दिखाए कि मैं उनसे प्रेम करती हूँ - एक आलिंगन, एक चुंबन या 'मैं तुमसे प्यार करती हूँ' कहना।"

"सप्ताह में एक दिन मैं कुछ ख़ास करूँगी, जैसे उनका पसंदीदा भोजन बनाऊँगी या उनका कोई काम करूँगी।"

केन एक बार फिर दूर मुड़ गया; उसकी आँखें थोड़ी नम हो गई थीं। "पैट, ये करने के लिए बेहतरीन चीज़ें हैं," उसने कहा। उसके प्रिय गीत की एक पंक्ति उसके दिमाग़ में आई : "एक दयालुतापूर्ण शब्द कभी अनसुना नहीं जाता, लेकिन अक्सर यह अनकहा रह जाता है।" उसने सोचा, यह उन शब्दों को कहना शुरू करने का समय था। वास्तव में, पैट ने जिन कार्यों का ज़िक्र किया था, वे सभी आसान थे, जिन्हें वह तत्काल शुरू कर सकता था और उनका बहुत बड़ा प्रभाव पड़ेगा।

"घर पर भी लहर प्रभाव नज़र आने लगा - हालाँकि तुरंत नहीं," पैट ने कहा। वे हँसते हुए आगे बोलीं, "मैं आपकी बात का मतलब समझती हूँ कि आपको इस तरह देखा जाता है, मानो आप किसी दूसरे ग्रह से आए हों। लेकिन लंबा समय नहीं लगा, जब प्रभाव न सिर्फ़ मेरे बच्चों और पति तक, बल्कि दोस्तों और परिवार वालों तक भी फैलने लगा। काफ़ी जल्दी, मुझे ज़्यादा आलिंगन मिल रहे थे, मेरे लिए कभी-कभार मेरा पसंदीदा भोजन बनाया जा रहा था और मैं ग़ौर कर रही थी कि जब मैं बोलती थी, तो लोग मेरी बात पर पूरा ध्यान देते थे।"

"आपको यक़ीन है कि यह सिर्फ़ ख़याली पुलाव नहीं है?"

"ओह हाँ। इसके समर्थन में वैज्ञानिक प्रमाण है," उन्होंने जवाब दिया

और केन ने ग़ौर किया कि अब वे दोबारा तथ्यों के बारे में बात करने पर बहुत सहज लग रही थीं।

"यदि आपका कोई मोटा मित्र है, तो आपके मोटे होने की 57 प्रतिशत ज़्यादा संभावना है," उन्होंने कहा। "यदि आप धूम्रपान करते हैं और आपका कोई मित्र सिगरेट पीना छोड़ देता है, तो आपके 30 प्रतिशत सफल होने के ज़्यादा अवसर हैं, बजाय तब के अगर आपके मित्र सिगरेट पीते हों।"

"यह दरअसल काफ़ी रोचक शोध है।" उन्होंने अपनी डेस्क की दराज़ खोलकर उसमें से एक काग़ज़ बाहर निकाला। केन ने ग़ौर किया कि इसके सबसे ऊपर लिखा था, "*कनेक्टेड*, निकोलस क्रिस्टेकिस और जेम्स फ़ाउलर द्वारा।"

"ये हारवर्ड और यूसीएलए के प्रोफ़ेसरों द्वारा लिखी पुस्तक पर मेरे नोट्स हैं, जो उनके दीर्घकालीन अध्ययन पर आधारित थी। उन्होंने पाया कि जब आप ज़्यादा ख़ुश होते हैं, तो इसका एक गहन लहर प्रभाव हो सकता है। इससे आप ऐसे लोगों को भी ज़्यादा ख़ुश कर सकते हैं, जिन्हें कि भले ही आप नहीं *जानते* हों।"

"आप मज़ाक़ तो नहीं कर रही हैं?"

"यह सच है। अगर आप ख़ुश होते हैं" - उन्होंने अपने नोट्स से पढ़ना शुरू किया - "तो आपके पड़ोसी के ख़ुश रहने की संभावना 34 प्रतिशत ज़्यादा रहती है।"

"आपके जीवनसाथी के ख़ुश रहने की संभावना 8 फ़ीसदी ज़्यादा होती है।"

"एक मील के भीतर रहने वाले भाई-बहन के ख़ुश रहने की संभावना 14 प्रतिशत ज़्यादा होती है।"

"एक मील के भीतर रहने वाले मित्र के ख़ुश रहने की संभावना 25 प्रतिशत ज़्यादा होती है।"

"आपके मित्र के मित्र के ख़ुश रहने की संभावना 10 प्रतिशत ज़्यादा होती है।"

"वाह, मित्र का *मित्र* भी," केन ने बीच में कहा।

"इंतज़ार करें, आपको यह बहुत पसंद आएगा। आपके मित्र के मित्र के मित्र के ख़ुश रहने की संभावना 5.6 प्रतिशत ज़्यादा होती है।"

"ज़ाहिर है, यह सिर्फ़ एक ही दिशा में प्रवाहित नहीं होता है। यानी अगर आपका पड़ोसी ख़ुश है, तो इससे स्वाभाविक रूप से 34 प्रतिशत संभावना बढ़ जाती है कि आप और आपका परिवार ख़ुश होंगे।"

हममें से हर व्यक्ति में दरअसल संसार को हिलाने की शक्ति है, एक बार में एक प्रतिशत!

केन एक साथ हतप्रभ और ख़ुश दिख रहा था। "ये सिर्फ़ आर्कमिडीज़ ही नहीं हैं। हममें से हर व्यक्ति में दरअसल संसार को हिलाने की शक्ति है, नहीं है क्या?"

"एक बार में एक प्रतिशत!" पैट ने आगे जोड़ दिया।

4

अभ्यास निपुण क्यों नहीं बनाता है और इस बारे में क्या करें

केन ने सोचा, कोच जिम ने सही कहा था कि यह बेहतरीन यात्रा रहेगी। उसे यक़ीन नहीं हो रहा था कि उत्कृष्टता हासिल करने के प्रति समर्पित होने के बाद वह कितनी अद्भुत जगहों पर जा रहा था और कितने कमाल के लोगों से मिल रहा था। आज कैज़ुअल पोशाक वाला शुक्रवार था। उसे ऑफ़िस में साथियों की प्रतिक्रिया देखकर बहुत अच्छा महसूस हुआ, जब उसने उन्हें बताया कि उसने अलमारी के बिलकुल नीचे से अपने बोटिंग शू ढूँढ़ निकाले थे और वह शॉर्ट्स पहनकर क्यों आया था : वह ऑफ़िस के बाद नाव चलाने जा रहा था। उसका दिल ज़मीनी नियमों को तोड़ने के लिए ललचा रहा था, लेकिन अंततः उसने उस आदमी का नाम नहीं बताया, जिसकी नाव पर वह सवारी करने वाला था - एक सम्मानित व्यवसाय मालिक, जो समय-समय पर कारोबारी ख़बरों की सुर्ख़ियों में आते रहते थे।

शाम को जब वह अपनी डेस्क से उठने लगा, तो केन ने अपनी नोटबुक को देखा। अब इसमें पैट से सीखी बातें शामिल हो चुकी थीं यानी गति और लीवरेज के नियम, जो एक प्रतिशत के फ़ॉर्मूले का आधार हैं। केन को लगा कि नोटबुक नाव पर ले जाना मुनासिब नहीं होगा। उसकी सीखी बातों की सूची इस तरह थी :

1. *कार्य करने से वह निष्क्रियता दूर होती है, जो आपको उसी जगह रोके रहती है।*
2. *गति आपको चलायमान रखती है।*
3. *सही लीवरेज आपके प्रयास की तुलना में ज़्यादा बड़े परिणाम देता है।*

4. 20/80 सिद्धांत के कारण आपको अपने कार्यों में छोटे परिवर्तनों की तलाश करनी चाहिए, जो आपके परिणामों में बड़े परिवर्तन उत्पन्न कर दें।

20/80 सिद्धांत

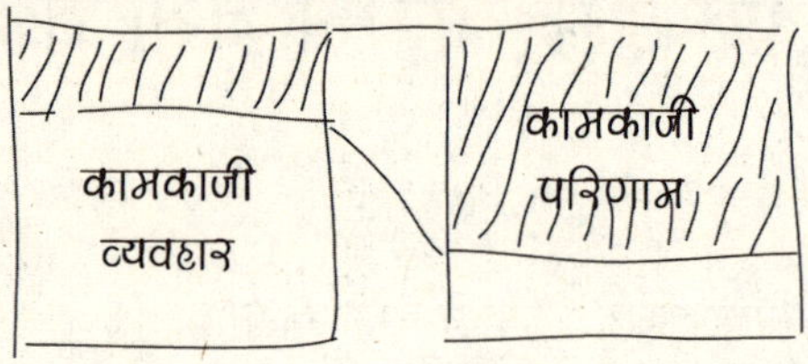

5. गति, लीवरेज और लहर प्रभाव संलग्नता की ओर ले जाते हैं।

संलग्नता

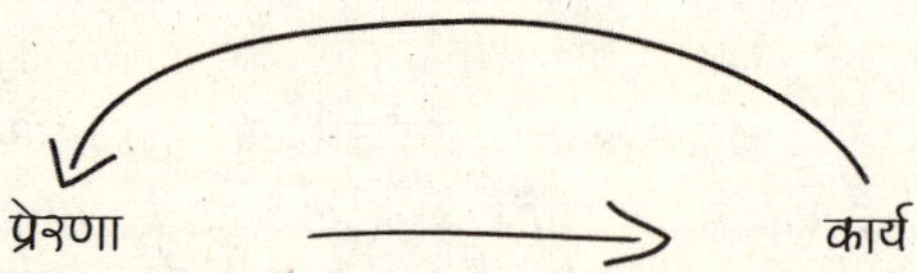

हालाँकि वह मानता था कि वह कभी-कभार धीमा पड़ जाता था, लेकिन पिछले दो सप्ताहों में वह ज़्यादातर वे छोटे परिवर्तन कर रहा था, जो उसने अपने ऑफ़िस और घर पर करने के लिए चुने थे। इक्का-दुक्का मौक़ों पर उसने सोचा कि शायद उसे थोड़ा सा लहर प्रभाव दिख रहा था, जिसके बारे में पैट ने बात की थी।

जब उसने एक कोरा पेज पलटा, जिसे वह अपने अगले शिक्षण सत्र के बाद भरने वाला था, तो उसे रोमांच की गूँज महसूस हुई।

•••●•••

बॉब स्पष्ट रूप से गपशप में यक़ीन नहीं करते थे। जब वे लोग बंदरगाह में बँधी दूसरी नावों के बीच से होते हुए घाट से बाहर निकल रहे थे, तो उन्होंने केन को आवश्यक निर्देश देने के अलावा कुछ नहीं कहा। केन ने सोचा, इस व्यवसायी और नाविक में शांत आत्मविश्वास कूट-कूट कर भरा है। वह शर्त लगाने को तैयार था कि जब बॉब कुछ कहते होंगे, तो लोग निश्चित रूप से सुनते होंगे।

एक बार जब वे ज़मीन और दूसरी नावों के रास्ते से दूर पहुँच गए, तो उन्होंने पाल उठा दी। पल भर वे दोस्ताना ख़ामोशी में वहाँ बैठे रहे। उनकी निगाह समुद्र के विस्तार और सामने के आसमान पर थी, जब नाव पानी को काटती हुई आगे बढ़ी।

फिर बॉब ने इशारा करते हुए केन से कहा, "हम उस तरफ़ जा रहे हैं।" यह एक छोटा टापू था - समुद्र के ऊपर निकला एक तरह का चट्टानी टुकड़ा। केन की हथेलियों में थोड़ा पसीना आ गया, जब उसे अहसास हुआ कि ठीक उसी दिशा से एक तेज़ हवा बह रही थी, यानी उन्हें हवा के ख़िलाफ़ नाव चलानी होगी। बॉब ने पूछा, "आपको याद है कि टैक कैसे किया जाता है यानी हवा के ख़िलाफ़ नाव कैसे चलाई जाती है?"

केन ने थोड़ी अनिश्चितता से सिर हिलाया। वह जानता था कि जब आप हवा के ख़िलाफ़ नाव चला रहे हों, तो आपको इस तरह यत्न करना होता है, ताकि हवा पहले एक तरफ़ से और फिर दूसरी तरफ़ से पाल में भर जाए। इस तरह आप आड़ी-तिरछी नाव चलाते हुए अपनी मंज़िल तक पहुँचते हैं। बहुत सालों से उसने यह काम नहीं किया था, लेकिन उसने सोचा, कुछ समय में यह उसे याद आ जाएगा।

बॉब ने केन को दिखाया कि यह काम सफलतापूर्वक कैसे किया जाता है। वे पहले नाव को एक दिशा में, फिर दूसरी दिशा में ले गए, लेकिन हमेशा टापू की ओर लगभग 40 प्रतिशत का कोण क़ायम रखा। फिर वे गति बढ़ाने लगे और हर बार ज़्यादा जल्दी दिशा बदलने लगे। बॉब नाव घुमाते जा रहे थे, जिस वजह से संतुलन बनाने के लिए केन को इधर से उधर कूदना पड़ रहा था। उसे ऐसा लगा, मानो वह एक बार फिर हाई स्कूल फ़ुटबॉल अभ्यास में पहुँच गया हो और एक दिन में दो अभ्यास कर रहा हो। बराबरी करने के लिए उसे कठोरता से ध्यान केंद्रित करना पड़ा, सिर्फ़ एक तरफ़ से दूसरी

तरफ़ उछलने में ही नहीं, बल्कि सामने वाली तिकोनी पाल की रस्सियाँ ढीली करने में भी - फिर वह उन्हें विपरीत सिरे पर खींच रहा था, जबकि बॉब मुख्य पाल को सँभाल रहे थे।

भौंहों से पसीना पोंछने के लिए उसे एक पल का समय देने के बाद बॉब ने पतवार फेरने वाली मुठिया का नियंत्रण केन को थमा दिया और कहा, "अब यह काम आप करें।" केन का मुँह सूख गया और उसके चेहरे पर नमकीन पानी पड़ने लगा, जब वह नाव को हवा के ख़िलाफ़ ले जाने लगा - क्या यह उसकी कल्पना थी या वाक़ई हवा अचानक ज़्यादा तेज़ हो गई थी?

कुछ समय तक उसी दिशा में चलने के बाद केन ने दिशा बदलने का फ़ैसला किया। उसने पतवार को सावधानी से धकाया - कुछ ज़्यादा ही सावधानी से और स्पष्ट रूप से पर्याप्त दूर नहीं, क्योंकि नाव को मोड़ पूरा करने के लिए जो गति चाहिए थी, वह नहीं मिल पाई। हवा तेज़ी से सीधे उन पर पड़ी। केन चकित था कि इस पल भी उसके दिमाग़ में इतनी स्पष्टता थी कि वह पैट और उसकी कही बात के बारे में सोच सके जो कि कोई गतिमान वस्तु गति में ही बनी रहती है, जब तक कि उस पर किसी बाहरी शक्ति द्वारा कार्य न किया जाए...

पाल भरने के बजाय सिर्फ़ फड़फड़ाती रही और नाव रुक गई। केन के लिए यह शर्मिंदगी की बात थी कि हवा शायद नाव को पीछे की ओर धकेल रही थी। बॉब के चेहरे पर शिकन तक नहीं आई और उन्होंने बस इतना ही कहा कि वह पतवार फेरने वाली मुठिया को पूरे रास्ते थामे रहे, जब तक कि नाव पीछे जाना बंद न हो जाए और एक दिशा में हल्की तिरछी न चलने लगे। जल्द ही हवा पाल में भर रही थी और वे एक बार फिर से सही दिशा में जा रहे थे।

"यह नाव चलाने की सबसे बुनियादी योग्यताओं में से एक है, जिसमें आपको माहिर बनना होता है - अपने आस-पास की स्थितियों पर ध्यान देना और प्रतिक्रिया में उनके अनुरूप इस तरह ढलना, ताकि आप हमेशा आगे बढ़ते रहें," बॉब ने कहा। थोड़ा ठहरने के बाद उन्होंने आगे जोड़ दिया, "जीवन की तरह ही।"

चट्टानी टापू की ओर इशारा करते हुए उन्होंने आगे कहा : "मान लें, वह आपका लक्ष्य है। आपको यह समझ लेना चाहिए कि अगर आपको

सिर्फ़ प्रतिरोध ही मिल रहा है, तो शायद आपको थोड़े अलग कोण से अपने लक्ष्य की ओर जाना चाहिए। अपने लक्ष्य को जान लें, फिर सही दिशा पर ध्यान केंद्रित करें, जो आपको उसकी ओर ले जाती हो।"

"केन, इसका मतलब यह भी है कि आपको स्टियरिंग व्हील पर सोना नहीं है।"

"जी सर," उसने जवाब दिया।

"कल्पना करें, अगर आप अपने ध्यान को अपनी दिशा और अपने लक्ष्य से भटकने दें, तो क्या होगा," बॉब ने कहा। "कल्पना करें, अगर आप इसे सिर्फ़ 1 प्रतिशत ही भटकने दें।"

"मैं टापू पर पहुँचने के बजाय उसके पास से गुज़र जाऊँगा; यह काफ़ी छोटा है।"

"सही कहा, केन। फिर इसकी ओर दोबारा लौटने में आपका समय बर्बाद होगा। या आप उस चट्टान से भी टकरा सकते हैं, जो पश्चिम दिशा में पानी के नीचे है," बॉब ने जवाब दिया। "ज़ाहिर है, आप टापू से ज़्यादा नहीं भटक सकते, क्योंकि यह क़रीबी लक्ष्य है, है ना?"

"निश्चित रूप से।"

"लेकिन मान लेते हैं कि आपके सामने कोई लंबी अवधि का लक्ष्य है। मान लें, मैं आपसे कहता हूँ कि आप हमें नाव से इंग्लैंड ले चलें।"

"तब तो मुझे कुछ फ़ोन करने होंगे - मेरे पास कुछ चीज़ें हैं, जो मुझे अपने शेड्यूल से हटानी होंगी," केन ने हँसते हुए कहा।

बॉब मुस्कराए और बोले, "हाँ, हमें निश्चित रूप से ज़्यादा लंबी समुद्री यात्रा करनी होगी - यदि परिस्थितियाँ अच्छी रहीं, तब भी शायद 30-40 दिन लग जाएँगे। अगर आप इतनी दूरी में औसतन सिर्फ़ 1 प्रतिशत ही भटकें - यह मानते हुए कि आप बिना दिशा बदले सबसे छोटे मार्ग पर चलते हैं, जो आप किसी तरह नहीं कर सकते - तब भी आप अंततः या तो फ़्रांस पहुँच जाएँगे या फिर आयरलैंड, जो इस बात पर निर्भर करेगा कि आप दाईं तरफ़ 1 प्रतिशत भटके थे या बाईं तरफ़ 1 प्रतिशत भटके थे।"

केन ने कहा, "यह बस 40 दिन आगे का लक्ष्य है और लक्ष्य से

भटकाव सिर्फ़ 1 प्रतिशत ही है। मेरे कुछ लक्ष्य उससे कहीं ज़्यादा दूरगामी हैं और मैं दिशा से इससे ज़्यादा भटक सकता हूँ।" उसने इस बारे में सोचा कि वह पाँच साल में कहाँ पहुँचना चाहता था। उसने उस समय के बारे में सोचा, जब उसके बच्चे कॉलेज के लिए तैयार होंगे। उस बारे में भी, जब वह रिटायर होने के लिए तैयार होगा...

"एक प्रतिशत मायने रखता है, केन। यह मायने रखता है।"

केन ने सोचा, बॉब में लीडर का असंदिग्ध आभामंडल था। उनके सफ़ेद बाल बहुत छोटे थे और उनका डील-डौल तथा त्वचा पैदाइशी नाविक जैसी थी।

"बॉब आप नौकायन में इतने अच्छे कैसे बन गए? क्या कोई रहस्य है? आप नैसर्गिक प्रतिभा के धनी दिखते हैं।"

"मज़ाक़ कर रहे हैं?" बॉब ने कहा। "जहाँ मैं पैदा हुआ था, वहाँ बस खेत ही खेत थे। समुद्र की बात तो रहने ही दें, हमने शायद ही कभी स्विमिंग पूल्स देखे थे। किशोरावस्था में मेरा एक कज़िन झील के पास रहने लगा और उसने एक पाल नौका ख़रीदी। हर गर्मियों में मैं वहाँ जाता था और जल्दी ही मैं नौकायन का दीवाना हो गया।"

"लेकिन मैं नैसर्गिक प्रतिभा का धनी क़तई नहीं था। मैंने घाट से नाव निकालने या पाल उठाने में कई ग़लतियाँ कीं। मैं नाव उलटा देता था। मैंने ज़मीन में नाव टकरा दी। वैसे मैं अभ्यास करता रहा। मैंने अपने से पाँच-छह साल छोटे बच्चों के साथ प्रारंभिक नौकायन प्रशिक्षण लिया। मैंने क्लास के पहले और बाद में अभ्यास किया। मैंने अभ्यास में एक के बाद दूसरा, दूसरे के बाद तीसरा घंटा लगाया, जब तक कि मैं प्रतिस्पर्धा के लायक़ नहीं हो गया और अंततः मेरी ख़ुद की नाव नहीं हो गई, जिससे मैं रेस करता था। हम - इसे रेस में दौड़ाने के लिए छह लोगों की ज़रूरत होती थी - सप्ताह के दौरान अभ्यास करते थे और रेस के बाद सवाल पूछकर विश्लेषण करते थे।"

बॉब केन का सारा ध्यान खींचने के लिए ठहरे और फिर उन्होंने कहा, "एक अत्यंत महत्त्वपूर्ण चीज़ है, जो आपको एक प्रतिशत के फ़ॉर्मूले के बारे में जान लेना चाहिए। 'स्वाभाविक' जैसी कोई चीज़ नहीं है।"

"उन सफल लोगों के बारे में भूल जाएँ, जिनमें किसी चीज़ की

स्वाभाविक नैसर्गिक प्रतिभा होती है। यह बकवास है। सब कुछ अभ्यास का मामला है।" बॉब ने फिर केन से पूछा, "क्या कोई ऐसी चीज़ है, जिसमें आप सचमुच अच्छे होना चाहते हैं?"

"निश्चित रूप से," केन ने कहा। उसे महान नाविक बनने की उतनी ज़्यादा परवाह नहीं थी, लेकिन करियर, संबंधों, पारिवारिक जीवन और स्वास्थ्य तथा फ़िटनेस के बारे में बहुत सी चीज़ें थीं, जिनमें वह सचमुच अच्छा बनना चाहता था।

"देखिए, अगर आप किसी चीज़ में अच्छे बनना चाहते हैं, तो मुझे परवाह नहीं है कि कोई दूसरा क्या कहता है, लेकिन यह सब अभ्यास के बारे में है। अभ्यास करें, अभ्यास करें, अभ्यास करें। दरअसल, सर्वश्रेष्ठ लोगों में सर्वश्रेष्ठ बनने के लिए आपको 10,000 घंटों का अभ्यास करना होगा।"

केन ने उनकी ओर भावशून्य अंदाज़ में देखा। यह आँकड़ा वे कहाँ से उठा लाए थे?

"यह कई अलग-अलग अध्ययनों में साबित किया जा चुका है," बॉब ने आगे कहा। "यदि आप किसी भी चीज़ - व्यवसाय, गणित, विज्ञान, संगीत, साहित्य, शतरंज, ताश, चाहे जो हो - में उत्कृष्ट स्तर पर पहुँचना चाहते हैं, तो इसके लिए 10,000 घंटों के सुनियोजित अभ्यास की ज़रूरत होती है।"

"लेकिन यह बहुत लंबा समय है। अगर आप हर सप्ताह 20 घंटे अभ्यास करें - तब भी इसका मतलब 10 साल होता है।"

"ओ-ओह।"

"उन लोगों के बारे में क्या, जो अविश्वसनीय प्रतिभा के साथ पैदा होते हैं? जैसे... जैसे कोई प्रतिभाशाली पियानो वादक?"

"केन, दरअसल मेरी नातिन भी एक शीर्षस्थ शास्त्रीय संगीतकार है। वह वायलिन वादक है। मैंने देखा है कि वह कितने घंटे रियाज़ करती है। किसी ने तो यह अध्ययन भी किया था कि उस जैसे लोग अभ्यास में कितना समय लगाते हैं : एंडर्स एरिकसन नामक एक मनोवैज्ञानिक ने कुछ अन्य विशेषज्ञों के साथ मिलकर एक उत्कृष्ट संगीत स्कूल में वायलिनवादकों का अध्ययन किया। उसने उन्हें तीन श्रेणियों में विभाजित कर दिया : एक वे जिनका स्टार बनना तय था, दूसरे वे जो सचमुच अच्छे थे और पेशेवर

वादन कर सकते थे और तीसरे वे जो अच्छे तो थे, लेकिन बेहतरीन नहीं थे और जो संभवतः आगे चलकर वायलिन शिक्षक बनेंगे।"

"एकमात्र फ़र्क़ जो उन्हें मिला? संगीतकारों द्वारा किए गए अभ्यास के घंटों की संख्या। जो शिक्षक बनने लायक़ थे - उन्होंने 4,000 घंटे लगाए। जो सचमुच अच्छे थे और पेशेवर वादन कर सकते थे - 8,000 घंटे। सबसे ऊपर, प्रतिभाशाली एकल वादक?" उन्होंने कहा और जवाब के लिए केन की ओर देखा।

"मुझे अंदाज़ा लगाने दें... 10,000 घंटे।" दोनों व्यक्ति एक साथ मुस्कराने लगे।

"वैज्ञानिकों को नैसर्गिक प्रतिभा का धनी एक भी ऐसा व्यक्ति नहीं मिला - जो इतने अभ्यास के बिना शिखर पर सिर्फ़ इसलिए पहुँचा हो, क्योंकि उसमें नैसर्गिक प्रतिभा थी," बॉब ने जोड़ा। "आप जानते हैं, बेहतरीन बात क्या है? उन्हें एक भी ऐसा दुखी व्यक्ति नहीं मिला, जो पूरे दिल से अभ्यास कर रहा था, लेकिन कहीं नहीं पहुँच पाया था।"

"सीखने वाली बात यह है : यदि आप अभ्यास में समय और प्रयास लगाते हैं, तो आपको सुधार *दिखेगा*। यदि आप सुधार देखना चाहते हैं, तो आपको अभ्यास करना होगा।"

"बॉब, मैं यह सोचे बिना नहीं रह सकता, क्या यह कारोबार में भी सही होता है? कुछ लोगों में सही क़दम उठाने का सहज बोध होता है। मेरा मतलब है, देखें तो सही कि बिल गेट्स ने कितना कुछ कर दिया है, जिसके कोई क़रीब भी नहीं पहुँच पाया है।"

"ठीक है, बिल गेट्स को ही देख लें," बॉब ने जवाब दिया। "मैल्कम ग्लैडवेल ने अपनी पुस्तक *आउटलायर्स* में उनके बारे में लिखा है। उन्होंने बताया है कि बिल हाई स्कूल में जिम से ग़ायब हो जाते थे। यही नहीं, प्रोग्रामिंग सीखने के लिए वे आधी रात को युनिवर्सिटी के कंप्यूटरों से समय चुराने भी जाते थे। इसीलिए उनके माता-पिता हमेशा हैरान रहते थे कि सुबह उन्हें उठाना इतना मुश्किल क्यों होता था! लेकिन जब तक उन्होंने हारवर्ड की पढ़ाई छोड़ी, तब तक वे 10,000 घंटों से ज़्यादा की प्रोग्रामिंग का अभ्यास कर चुके थे। उन्होंने संसार के लगभग हर अन्य व्यक्ति से ज़्यादा

अभ्यास कर लिया था।"

केन को पूरी तरह विश्वास नहीं हुआ था। निश्चित रूप से, कुछ लोग तो महान बनने के लिए ही पैदा होते हैं। "शीर्षस्थ खिलाड़ियों के बारे में क्या कहेंगे? मेरा मतलब है, वेन ग्रेटज़्की को देखें। वह आदमी ऐसी चीज़ें देख सकता था, जिन्हें कोई दूसरा नहीं देख सकता था। मुझे याद है, वे बर्फ़ पर पूरी तेज़ी से दौड़ते थे और अपनी टीम के साथी को *पीछे की तरफ़* पक का पास दे सकते थे, जो उन्हें दिखाई ही नहीं देता था।" केन ने अचरज में सिर हिलाया, जब उसने ग्रेटज़्की के दाँवों को बार-बार अपने दिमाग़ में देखा और सोचने की कोशिश की कि ग्रेटज़्की ने ये जादुई कारनामे कैसे किए। "*वे* ख़ुद भी इसका कारण नहीं जानते थे! उन्होंने कहा था कि उनके अंदर एक 'भावना' रहती थी कि बाक़ी खिलाड़ी बर्फ़ पर कहाँ थे, इसलिए वे बिना देखे ही पास दे सकते थे। वे वहाँ नहीं जाते थे, जहाँ पक थी; वे तो वहाँ जाते थे, जहाँ पक *पहुँचने वाली* थी।"

बॉब ने कहा, "ऐसा लग सकता है कि उनके पास छठी इंद्रिय थी, लेकिन इन चीज़ों का अध्ययन करने वाले खेल वैज्ञानिक कहते हैं कि ऐसी बात नहीं थी। दरअसल, उनका मस्तिष्क उनके आस-पास के सारे संकेतों की प्रोसेसिंग किसी दूसरे से ज़्यादा अच्छी तरह कर लेता था। इस बारे में सोचें। आपको क्या लगता है, उन्होंने इस खेल में कितने घंटों का अभ्यास किया होगा? उन हज़ारों घंटों से शुरू करें, जो उन्होंने अपने घर के पीछे घरेलू बर्फ़ के मैदान पर दूसरे बच्चों के साथ बिताए? फिर अपनी टीम के साथियों के साथ हज़ारों घंटे का अभ्यास किया।"

"मैं एक पूर्व कॉलेज खिलाड़ी को जानता हूँ, जिसका ध्यान इस बात पर गया कि जब भी उसके विरोधी कोई दाँव बनाने वाले होते थे, तो बर्फ़ पर उनके स्केट्स की आवाज़ें बदल जाती थीं। इस ज्ञान से उसे उनके दाँव को विफल करने का दूसरों से ज़्यादा समय मिल जाता था। यदि मेरा मित्र यह भाँप सकता था, तो ज़रा सोचें कि ग्रेट्ज़्की शायद अपने पीछे बर्फ़ पर स्केट्स की आवाज़ें सुनकर ही सटीकता से जान जाते थे कि पास कहाँ देना है - हालाँकि वे चेतन रूप से इस बारे में सोच भी नहीं रहे थे।"

"वैज्ञानिकों ने एक वीडियो-गेम प्रशिक्षण तैयार किया है, जो ग्रेटज़्की जैसे हॉकी खिलाड़ियों को मैदान की बेहतर अनुभूति करा सके। वे उन्हें

अपने आस-पास के खिलाड़ियों की जानकारी को ज़्यादा अच्छी तरह भाँपने का प्रशिक्षण देते हैं। यदि अभ्यास ऐसी असाधारण योग्यता विकसित करने में आपकी मदद कर सकता है, तो उन सारी दूसरी योग्यताओं के बारे में सोचें, जो आप अभ्यास से विकसित कर सकते हैं।”

केन ने सोचा कि वह इस ज्ञान का उपयोग भविष्य में कर सकता है और इससे फ़ायदा उठा सकता है। फिर उन्होंने कहा, “आगे चलो!” बॉब की मदद से वह नाव चलाने में थोड़ा ज़्यादा आरामदेह महसूस करने लगा था। लेकिन वह शांत हो गया, जब उसने उस छोटे चट्टानी टापू को घूरा, जिसके वे क़रीब पहुँच रहे थे।

वह अपने दिमाग़ में हिसाब लगा रहा था और इससे उस बात की पुष्टि हुई, जो उसने पहले सोचा था : उसने कामकाज में 10,000 घंटों से ज़्यादा लगाए थे, लेकिन उसे महसूस होता था कि वह अपने करियर में महारत हासिल नहीं कर पाया है। वह एक तरह के मैदानी इलाक़े में पहुँच गया था, जहाँ से वह ऊपर नहीं जा पा रहा था।

उसने संबंध क़ायम रखने तथा अभिभावक बनने में भी 10,000 घंटों से ज़्यादा लगाए थे। लेकिन इसके बावजूद कई बार संघर्ष क्यों होता था?

“बॉब, मैं अपने कामकाज में हर सप्ताह 45-50 घंटे लगाता हूँ। यानी साल में कम से कम 2,200 घंटे। मैं वहाँ पाँच साल से हूँ, यानी मैंने कम से कम 11,000 घंटे लगाए हैं। आपके हिसाब से तो अब तक मुझे सीईओ बन जाना चाहिए था! मैंने कुछ लोगों को देखा है, जिनके पास 30-40 साल का अनुभव तो होता है, लेकिन वे अपने कामकाज में उतने निपुण नहीं होते हैं। ऐसा क्यों है?” हालाँकि इस सबके कारण वह परेशान हो रहा था, लेकिन केन ने अपनी बात एक हल्के-फुल्के, मज़ाक़िया लहज़े में कहने की कोशिश की।

बॉब ने 100 प्रतिशत गंभीर लहज़े में जवाब दिया, “मैं पहले आपके दूसरे प्रश्न का उत्तर दूँगा। 30 साल के अनुभव वाले बहुत से लोगों के पास दरअसल 30 साल का अनुभव नहीं होता।”

“उनके पास तो एक साल का अनुभव होता है, जिसे 30 बार दोहराया गया है। कारण यह है कि उन्होंने कभी विकास या विस्तार ही नहीं किया है।”

"अब आपके पहले प्रश्न पर लौटते हैं : आप सोच रहे हैं कि अगर आप 10,000 घंटे से ज़्यादा लगा चुके हैं, तो इसके बावजूद आप शिखर पर क्यों नहीं पहुँचे? देखिए, यह अभ्यास के घंटों की मात्रा का ही मामला नहीं है। यह उन घंटों की गुणवत्ता के बारे में भी है। एंडर्स एरिकसन इसे *सुविचारित अभ्यास* कहते हैं।"

30 साल के अनुभव वाले बहुत से लोगों के पास दरअसल 30 साल का अनुभव नहीं होता। उनके पास तो एक साल का अनुभव होता है, जिसे 30 बार दोहराया गया है।

"सुविचारित अभ्यास ख़ास तौर पर प्रदर्शन को बेहतर बनाने के लिए किया जाता है। इसे दोहराया जा सकता है। इसके साथ सृजनात्मक फ़ीडबैक भी ज़रूरी होता है," बॉब ने कहा, मानो वे एक के बाद एक बिंदु बता रहे हों। "यह आनंददायक नहीं होता। यह मुश्किल होता है। कई बार तो बहुत मुश्किल होता है।"

"देखिए, मैं भी अपने काम को 'आनंददायक' तो नहीं कहूँगा," केन ने थोड़े रक्षात्मक अंदाज़ में जवाब दिया। अब उसने एक हल्के-फुल्के अंदाज़ की कोशिश छोड़ दी थी।

बॉब ने एक तुष्टिकारक हाथ उठाते हुए कहा, "केन, मुझे शक नहीं है कि आप अपने करियर में प्रयास और कड़ी मेहनत करते हैं। वाक़ई मुझे कोई शक नहीं है।"

"लेकिन मान लेते हैं कि आपका लक्ष्य अपने काम में देश में सर्वश्रेष्ठ बनना है और आप महसूस करते हैं कि आप प्रगति नहीं कर रहे हैं। तो आपको ख़ुद से कुछ सवाल पूछने की ज़रूरत है।"

केन ने एक बार सिर हिलाया। "बताएँ।"

"बचपन में क्या आपने कभी कोई वाद्य यंत्र बजाया था, केन?"

"हाँ। पियानो।"

"आपने हर दिन कितनी देर अभ्यास किया था?"

"मंगलवार से शुक्रवार तक तीस मिनट और हर सोमवार को एक सबक़।"

"आपने हर दिन *सुविचारित अभ्यास* में कितना समय गुज़ारा?"

केन ने पियानो बजाने में बिताई दोपहरों के बारे में सोचा, जब वह खिड़की के बाहर नज़रें चुराता था और सोचता रहता था कि काश वह दूसरे बच्चों के साथ फुटबॉल खेल रहा होता। "सच्ची? ज़रा भी नहीं... या हर सोमवार को 30 मिनट, अगर आप सबक़ को गिनें।"

"अब कुछ साल आगे चलते हैं।"

"मैं नहीं सोचता कि यह जहाँ जा रहा है, वह मुझे पसंद है," केन दाँत भींचने वाले अंदाज़ में मुस्कराया।

"शायद नहीं। लेकिन मैं सोचता हूँ जहाँ यह आपको अंततः ले जाएगा, वह आपको पसंद आएगा," बॉब ने जवाब दिया। "अब आप उन घंटों को न गिनें, जो आप प्रशासकीय कामों में बिताते हैं, रिपोर्टिंग और दूसरी चीज़ों पर बिताते हैं, जिनमें आपके पद की ख़ास योग्यताओं की आवश्यकता नहीं होती। अब बताएँ कि आप अपनी ख़ास योग्यताओं को प्रदर्शित करने में कितना समय बिताते हैं?"

यह सोचते समय केन ने हैरानी में सीटी बजाई, "शायद 18 से 20 घंटे।"

"आप अपने पद की योग्यताओं के *सुविचारित अभ्यास* में कितना समय लगाते हैं?"

कामकाज में हमेशा इतने सारे व्यवधान रहते थे - केन ने ख़ुद को विचार के उस सिलसिले से दूर किया, क्योंकि वह सिर्फ़ बहाने बना रहा था। दरअसल, उसने कभी कामकाज में ऐसे कार्य करने का केंद्रित प्रयास नहीं किया था, जिनका लक्ष्य ख़ास तौर पर उसके प्रदर्शन को बेहतर बनाना हो, जिन्हें दोहराया जा सकता हो, जिनमें सृजनात्मक फ़ीडबैक पाना शामिल हो और जो चुनौतीपूर्ण हों। उसने अपना सिर हिलाया। "शायद एक महीने में एक घंटा।"

"ऐसा इसलिए है, क्योंकि ज़्यादातर लोगों की तरह आप काम कर रहे हैं, *सुविचारित अभ्यास* नहीं कर रहे हैं।"

केन को एक पल के लिए ऐसा महसूस हुआ, मानो वह नींद में चल

रहा था और बॉब ने उसे अभी-अभी हिलाकर जगाया था।

"शायद इससे भी अहम बात, जब आपके करियर के लक्ष्यों की बात आती है, तो आप कितना समय उस अगले पद की योग्यताओं के *सुविचारित अभ्यास* में बिताते हैं, जिस पर आप पहुँचना चाहते हैं?"

केन एक पल ख़ामोश रहा, फिर बोला, "देखिए, अगर हम सीईओ की बात कर रहे हैं, तो मेरे ख़याल से इसका मतलब होगा नेतृत्व योग्यताएँ, रणनीतिकरण, बड़ी तस्वीर वाले स्वप्न देखना... " उसके शब्द अटक गए, जब उसे अहसास हुआ कि उसने अपना पूरा ध्यान हाथ के काम पर केंद्रित किया था और भावी योग्यताएँ विकसित करने के बारे में शायद ही कभी सोचा था। वास्तव में, उसने उनमें से किसी भी चीज़ के *सुविचारित* अभ्यास में बहुत कम समय बिताया था, जिनमें वह अच्छा होना चाहता था, अपने करियर में या अपने घर में।

बॉब ने धीरे से पूछा, "क्या मुझे आगे बोलना चाहिए?"

"यह पर्याप्त से ज़्यादा है," केन ने कहा। उसने पानी के पार देखा और अपनी त्वचा पर नमक की चुभन महसूस की। "ये प्रश्न सुनने में दर्दनाक थे, लेकिन बिलकुल सही निशाने पर लगे। आपने मेरी आँखें खोल दीं।"

फिर एक नई वास्तविकता उस पर हावी हुई। केन ने पूछा, "लेकिन मुझे अभ्यास करने के लिए इतना सारा समय मिलेगा कैसे; मेरे पास तो पहले ही बहुत काम है?"

"हाल-फ़िलहाल आप ज़्यादातर लोगों जैसे हैं, जो सिर झुकाकर काम करते रहते हैं, दिन गुज़ारते हैं, सुविचारित अभ्यास के लिए ज़्यादा समय नहीं निकालते हैं - ठीक है?" बॉब ने कहा।

"उ-उह।" यह एक निष्पक्ष आकलन था।

"देखिए, आप जिस एक चीज़ में उत्कृष्ट बनना चाहते हैं, उसका अभ्यास करने के लिए अगर आप एक दिन में बस एक घंटे दें, तो क्या होगा? क्या आप सिर्फ़ एक घंटे का समय दे सकते हैं?"

केन की पहली प्रतिक्रिया यह थी कि यह असंभव था, लेकिन फिर उसने उन मिनटों को जोड़ा, जो वह हर दिन ऐसी फ़िज़ूल चीज़ों पर ख़र्च

करता था, जो उसे दरअसल कहीं नहीं ले जाती थीं।

"आप जानते हैं, मैं शायद काफ़ी निरुद्देश्यता से नेट सर्फ़िंग में हर दिन कम से कम एक घंटा बिताता हूँ या टी.वी. के सामने पड़ा रहता हूँ," उसने आख़िरकार जवाब दिया।

"इसके बजाय अगर आप हर दिन एक चीज़ का सुविचारित अभ्यास करें, तो आप क्या सोचते हैं आपको कितना लाभ होगा? आपको क्या लगता है, आप काफ़ी जल्दी सुधार देखेंगे?"

"आपने शोध के बारे में जो बताया है, उससे हाँ। जब आप इसे इस तरह से कहते हैं - एक दिन में बस एक घंटा - तो यह करने लायक़ है।"

"यह यहीं ख़त्म नहीं होता," बॉब ने जवाब दिया। "सुविचारित अभ्यास के अवसर पहले ही आपकी नाक के ठीक नीचे हैं - आपने तो बस उन पर अब तक ग़ौर नहीं किया है। वास्तव में, आपका पूरा जीवन अभ्यास का अवसर है। कुंजी है करने को *अभ्यास करने में बदलना*। यह नियमित रूप से पीछे हटकर कुछ मिनट तक अपने प्रदर्शन की समीक्षा करने का मामला है।"

"ठहरकर नियमित समीक्षा करें। आप हर घंटे बाद, हर कुछ घंटों बाद, हर कुछ दिनों बाद रुक सकते हैं - जो भी आपके हिसाब से सबसे कारगर हो। महत्त्वपूर्ण तो यह है कि आप यह आकलन करें कि आपने *कितना अच्छा किया और आप वैसा ही कार्य करते समय अगली बार सुधार कैसे कर सकते हैं*।"

"जैसा कोई कोच किसी खिलाड़ी के साथ करता है," केन ने कहा।

"सही है, क्योंकि याद रहे, सृजनात्मक फ़ीडबैक सुविचारित अभ्यास का अत्यावश्यक हिस्सा है," बॉब ने कहा। "वह फ़ीडबैक आप ख़ुद को दे सकते हैं। या फिर आप अपने बॉस या किसी विश्वसनीय व्यक्ति से पूछ सकते हैं कि वह दो-तीन चीज़ें ऐसी बताए, जो आपने अच्छी कीं और दो-तीन ऐसी चीज़ें बताए, जिन्हें आप ज़्यादा अच्छी तरह कर सकते थे।"

"यह सरल लगता है। अगर मैं यह करता हूँ, तो क्या इससे सचमुच फ़र्क़ पड़ेगा?"

"यह कभी वैसा तो नहीं होगा, जिस तरह मेरी नातिन हर सप्ताह 20

घंटे वायलिन का अभ्यास करती है या ग्रेटज़्की अपना सारा समय बर्फ़ पर बिताते हैं - लेकिन यह बहुत प्रभावी होगा, केन।"

"इस बारे में सोचें : यदि आप अपना फ़ोकस इस तरह बदल रहे हैं, ताकि आप हर दिन का कार्य करते समय भी *अभ्यास कर रहे हैं*, तो आपके वही कार्य आपकी योग्यताओं को बेहतर बनाने का तरीक़ा बन जाते हैं। टिक।" - उन्होंने अपनी तर्जनी से हवा में मुद्रा बनाई - "वे निश्चित रूप से दोहराए जा सकते हैं। टिक। आप ख़ुद को सृजनात्मक फ़ीडबैक दे सकते हैं या ऑफ़िस के किसी विश्वसनीय व्यक्ति से मार्गदर्शन ले सकते हैं। टिक। अंत में, आपने ख़ुद कहा था कि कामकाज आपको आनंददायक नहीं लगता है, इसलिए यह भी सही है।"

"वास्तव में, मैं सुझाव देता हूँ कि आप दरअसल ज़्यादा कठिन कार्य करने की पहल स्वेच्छा से स्वयं करें। चूँकि यदि आप कोई पर्याप्त चुनौतीपूर्ण चीज़ चुनते हैं, तो यह सीखने और विस्तार करने का मौक़ा है।"

अब बात केन की समझ में आ गई। "मैं आपका मतलब समझ सकता हूँ," उसने कहा। "जब हम दिशा बदलने लगे, तो मैंने ग़ौर किया था कि आपने अवस्थाओं में गति बढ़ाई थी, धीरे-धीरे मुझ पर ज़्यादा दबाव डाला था। दरअसल, मैं महसूस करता हूँ कि मेरे हिसाब से मैं जितना करने में सक्षम था, मैं उसके पार पहुँच गया था।"

"क्रमिक तनाव।"

केन ने सोचा, हर चीज़ के लिए एक नाम नज़र आता है।

"1 से 10 तक के पैमाने पर कोई कार्य करने के तनाव के बारे में सोचें," बॉब ने कहा। "जब हमने पानी के पार दिशा बदलना शुरू किया था, तो आपका तनाव स्तर शायद 2 और 4 के बीच था। इसे *स्ट्रेच लेवल* (विस्तार स्तर) कहा जाता है, जहाँ आपको अपने आरामदेह दायरे के बस थोड़ा सा बाहर धकाया जाता है। जब आप इसके आदी हो गए, तो यह आपका नया स्तर 1 बन गया, क्योंकि अब उसमें कोई असली तनाव नहीं था। क्या यह कहना न्यायसंगत होगा?"

"बिलकुल," केन ने कहा।

"फिर मैंने गति बढ़ा दी, आपको एक बार फिर से 2 और 4 के बीच

कहीं पर धका दिया, ठीक है?"

"हाँ, मैंने इस बारे में इस तरह नहीं सोचा था, लेकिन हाँ, आपने यही किया था।"

"फिर जब मैंने आपको पतवार फेरने वाली मुठिया थमाई, तो आप उस तनाव को किस स्तर पर रखेंगे?"

"ओह, कम से कम पाँच। शायद 6 या 7 भी," केन ने स्वीकार किया।

"मुझे ऐसी ही उम्मीद थी," बॉब ने सिर हिलाते हुए कहा। इसे *स्ट्रेन लेवल* (अत्यधिक दबाव का स्तर) कहा जाता है। ख़ुद को तनाव के उस स्तर पर धकाना आपके लिए अच्छा है, बशर्ते आपके पास सही समर्थन हो - एक कोच, एक सहकर्मी, परिवार का कोई सदस्य, एक मार्गदर्शक, एक चतुर मित्र हो, जो आपको बेलाग सच्चाई बता दे।"

"या एक बहुत अच्छा नाविक हो, जिसके पास कम से कम 10,000 घंटे का अनुभव हो," केन ने कहा और अपनी प्रशंसा को मुस्कराकर व्यक्त किया।

बॉब ने स्वीकारोक्ति में सिर झुकाया और बोले, "लेकिन सावधान रहें, अगर आप ख़ुद को उस स्तर के ऊपर जाने के लिए विवश करते हैं, तो आप टूटने के बिंदु पर पहुँच जाते हैं। ख़ुद को चरम सीमा पर चुनौती देंगे, तो आपके पास चाहे जितना समर्थन हो, आप उस तनाव को नहीं झेल पाएँगे।"

केन को कार्लोस और पैट की सलाह याद आ गई कि छोटी शुरुआत करनी चाहिए। अब उनकी सलाह और भी ज़्यादा महत्त्वपूर्ण लगने लगी थी।

•••●•••

वे चट्टानी टापू के बिलकुल क़रीब पहुँच गए थे। केन को इस पर एक छोटा सा ढाँचा दिखा, मौसम की मार खाई एक छोटी इमारत, जहाँ से सारा नज़ारा दिख सकता था। वहाँ दो पुरानी झूलने वाली कुर्सियाँ, एक जालीदार झूला और एक जाली थी। क़रीब ही कुछ और टापू थे, जिन पर सुंदर बगीचों और स्विमिंग पूल वाले बड़े घर बने थे। अगर बॉब चट्टानों के इस अजीब ढेर के बजाय उनमें से किसी घर की ओर जाते, तो इसमें ज़्यादा समझदारी

होती। लेकिन उन्होंने नाव को घाट पर ले जाकर लकड़ी की एक छोटी जेटी से बाँध दिया। फिर वे दोनों नाव से उतर गए और चट्टानों पर चढ़ते हुए इमारत की ओर बढ़ने लगे।

केन सीखने और बेहतर बनने के उन अवसरों के बारे में सोचने लगा, जो उसने अतीत में खोए थे। अब उसने उन सभी लोगों के बारे में सोचा, जिन्होंने ऐसे अवसरों को जकड़ लिया *था*। कई लोग उसके मुक़ाबले कई प्रकाश वर्ष आगे थे और इससे उसे हताशा होने लगी थी।

बॉब धीमे हो गए। अब वे दोनों आजू-बाजू चल रहे थे। बॉब के शब्दों से ऐसा लगा, मानो वे जानते थे कि केन उस वक़्त क्या सोच रहा था, क्या महसूस कर रहा था।

"आप जानते हैं केन, मैं सारे समय अपनी तुलना दूसरे लोगों से किया करता था। लेकिन अंत में मुझे अहसास हुआ कि यह बहुत उपयोगी नहीं था, क्योंकि हमेशा कोई न कोई मुझसे बेहतर होता था।" केन के हाव-भाव से उसकी हैरानी साफ़ दिख रही थी कि इतना शक्तिशाली, इतना सम्मानित व्यक्ति कभी इस तरह भी महसूस कर सकता था।

बॉब ने आगे कहा : "जब मैंने अपनी तुलना ख़ुद से करना शुरू किया, तब कहीं जाकर मैं आख़िरकार इसे सचमुच 'समझ' पाया और सचमुच हासिल करना शुरू कर पाया। शायद आपको भी अपनी तुलना ख़ुद से करना ज़्यादा उपयोगी लगेगा। सबसे ज़्यादा मायने यही रखता है कि आप अपने वर्तमान स्वरूप से 1 प्रतिशत बेहतर बन जाएँ।"

अपनी तुलना ख़ुद से करना ज़्यादा उपयोगी होता है। सबसे ज़्यादा मायने यही रखता है कि आप अपने वर्तमान स्वरूप से 1 प्रतिशत बेहतर बन जाएँ।

केन को चट्टानों पर पैरों की पकड़ बनाने के लिए नीचे देखना पड़ा। बॉब ने कहा, "आप यह यात्रा वहाँ से शुरू नहीं कर सकते, जहाँ कोई दूसरा आपके आगे खड़ा है। आप वहाँ से शुरू नहीं कर सकते, जहाँ आप सोचते हैं कि वे भविष्य में पहुँचेंगे। आप यात्रा वहाँ से भी शुरू नहीं कर सकते, जहाँ आप पहुँचना चाहते हैं।" बॉब ने उस ओर इशारा किया, जहाँ वे जा रहे थे और फिर अपने पैरों के नीचे की चट्टानों को देखते हुए कहा, "आपको तो यह यात्रा वहीं से शुरू करनी पड़ती है, जहाँ आप इस वक़्त हैं।"

"आप आने वाले कल के बारे में सोच सकते हैं और शायद भविष्य के सपने भी देख सकते हैं - लेकिन वर्तमान में अपना सर्वश्रेष्ठ करना ही नियम है।"

"सकारात्मक सोच की शक्ति के बारे में क्या? क्या आप सोचते हैं कि यह महत्त्वपूर्ण है?" केन ने पूछा।

"आशा अच्छी चीज़ है, लेकिन यदि आप कार्य नहीं करते हैं, तो यह ख़ास तौर पर उपयोगी रणनीति नहीं है," बॉब ने जवाब दिया। "हममें से बहुत ज़्यादा लोग सकारात्मक विचार सोचते हैं, लेकिन किसी ऐसी योजना पर अमल नहीं करते हैं, जो हमें सपने साकार करने की दिशा में ले जाने वाले कार्य करने के लिए विवश कर दे। *आप सिर्फ़ इच्छा नहीं कर सकते* - आपको कार्य करना होता है।"

"आइए आपको एक उदाहरण देता हूँ," बॉब ने आगे कहा, जब वे शीर्ष पर पहुँचे और अपनी कुर्सियाँ शेड में ले गए, जहाँ से वे पानी के पार देखने लगे। नज़ारा इतना सुंदर था कि चढ़ाई चढ़ना सार्थक लग रहा था। "मैंने एक बार कॉलिन पॉवेल का व्याख्यान सुना था। उन्होंने एक बिलकुल नए सेकंड लेफ़्टिनेंट की कहानी बताई, जो बहुत महत्त्वाकांक्षी था और जनरल बनना चाहता था। एक रात को नए लेफ़्टिनेंट ने ऑफ़िसर्स क्लब के बार में एक जनरल को देखा। वह उनके पास जाकर बोला कि माफ़ करें सर, लेकिन कोई जनरल कैसे बनता है?"

"बेटा, तुम्हें कुत्ते की तरह काम करना पड़ता है," जनरल ने जवाब दिया। "तुममें नैतिक और शारीरिक साहस होना चाहिए। ऐसे दिन हो सकते हैं, जब तुम बुरी तरह थके हो, लेकिन तुम्हारी थकान कभी दिखनी नहीं चाहिए। ऐसे समय होते हैं, जब तुम्हें डर लगेगा, लेकिन तुम्हारा डर कभी नज़र नहीं आना चाहिए। तुम्हें हमेशा लीडर होना पड़ता है।"

लेफ़्टिनेंट इस सलाह से बहुत रोमांचित हो गया। "धन्यवाद, सर," उसने कहा। "तो इस तरह मैं जनरल बन सकता हूँ?"

"नहीं," जनरल ने कहा। "इस तरह तो तुम फ़र्स्ट लेफ़्टिनेंट बनते हो। फिर तुम इसे बार-बार दोहराते रहोगे, तो अंततः जनरल बन जाओगे।"

"तो आपके लक्ष्य तक पहुँचने की कुंजी यह जानना है कि आप कहाँ

जाना चाहते हैं और वहाँ पहुँचने के लिए आपको कौन से कार्य करने की ज़रूरत है - और फिर लगन व प्रयास आपको वहाँ पहुँचा देंगे।"

"हाँ केन, यही बात है।" बॉब ने अपने छोटे बालों पर हाथ फेरा और आह भरी। "उस वक़्त यह कहानी सुनना मेरे लिए बहुत मायने रखता था, क्योंकि मैं दरअसल काफ़ी उतावला था। मैं जवाबों की तलाश कर रहा था।"

"यह बरसों पहले की बात है, जब तुम छोटे बच्चे थे," बॉब ने केन को देखने के बाद कहा। "मैंने एक व्यवसाय खड़ा कर लिया था, उसे तेज़ी से फैला भी लिया था - जल्द ही मैं ऐसा इंसान बन गया, जिससे लोग अपनी तुलना करते थे।"

"फिर मेरा व्यवसाय आर्थिक भँवर में फँस गया। मुझे इस बात पर गर्व था कि मैं हमेशा अपने वेंडरों का भुगतान 30 दिन में कर देता था, लेकिन जब मैंने बहीख़ाते देखे, तो मुझे अहसास हुआ कि अब मैं ऐसा नहीं कर सकता था। केन, मेरी नेट वर्थ अचानक बहुत ज़्यादा नकारात्मक इलाक़े में पहुँच गई थी। मेरा पहला विवाह बिखर रहा था। मेरे बच्चे मुझसे बात नहीं करते थे। फिर एक डरावना तूफ़ान आया और उसने मेरी नाव तबाह कर दी। मैं हार मानने की कगार पर था। पूरे जीवन में मैं कभी इतना निराश नहीं रहा था।"

आपको तो यह यात्रा वहीं से शुरू करनी पड़ती है, जहाँ आप इस वक़्त हैं। वर्तमान में अपना सर्वश्रेष्ठ करना ही नियम है।

"पॉवेल ने *वर्तमान में अपना सर्वश्रेष्ठ करने की आवश्यकता पर ज़ोर दिया था*। यह सचमुच मेरे दिमाग़ में बैठ गया और मैं जानता था कि मुझे ठीक यही करने की ज़रूरत थी। मैंने अपने सभी वेंडरों से संपर्क किया और बताया कि मैं धीरे-धीरे उन सभी का भुगतान कर दूँगा। मैंने एक ठोस योजना बनाई, केवल अपने व्यवसाय को पुनः खड़ा करने की ही नहीं, बल्कि दीर्घकाल में इसे एक बिलकुल नए स्तर पर पहुँचाने की भी," बॉब ने कहा।

"मैं यह नहीं कह रहा हूँ कि यह मिठाई खाने जितना आसान काम था। ऐसे दिन थे जब मैं प्रार्थना करता था कि मेरे किसी कर्ज़दार का धीरज जवाब दे जाए और वह मुझे दिवालिएपन की ओर धका दे, ताकि मैं इतनी कड़ी मेहनत से छुटकारा पा सकूँ। लेकिन मैं हर दिन अपने बिस्तर से उठा

और कड़ी मेहनत करता रहा।"

"केन, इससे कोई फ़र्क़ नहीं पड़ता कि आप कौन हैं, कई बार इसका मतलब कड़ी मेहनत ही होता है। जब मैं यह सब झेल रहा था, तो मैं अपने एक मित्र से बात करता था, जिसके पास खोने के लिए मुझसे बहुत ज़्यादा था - और उसने खो भी दिया। उसने अपना जेट गँवा दिया और एनएफ़एलटीम में अपनी हिस्सेदारी भी गँवा दी। रियल इस्टेट में मंदी के कारण उसकी संपत्तियों का मूल्य एक महीने में दस लाख डॉलर की दर से कम होता जा रहा था, जिसकी तुलना में मेरे कर्ज़ चिल्लर जैसे लगते थे।"

"मैं अपने लैंडस्केप गार्डनर साले से भी बात करता था, जिसका कारोबार मंदा चल रहा था। वह इसलिए तनाव में था, क्योंकि वह अपनी कार की क़िस्तें चुकाने के लिए जूझ रहा था, जो हर महीने लगभग 400 डॉलर थीं।"

"क्या आप जानते हैं? डॉलर की मात्रा महत्त्वपूर्ण नहीं थी। हम सभी दबाव महसूस कर रहे थे और हम सभी को एक ही चीज़ करनी थी : सबसे पहले बैठ जाएँ और सटीकता से पता लगाएँ कि हम कहाँ हैं। मुझे वाक़ई यह जाँच करनी पड़ी कि मैं कहाँ था और कंपनी कहाँ थी। इसके लिए तथ्यों का निर्मम आकलन करने की ज़रूरत थी, जिसे मैंने कुछ समय तक सुविधाजनक ढंग से नज़रअंदाज़ किया था। मैं आत्म-संतुष्ट और अति-विश्वासी बन गया था। मुझे सटीकता से यह पता लगाना था कि हर चीज़ कहाँ खड़ी है। इसके बाद मुझे एक योजना बनानी थी और अपना सिर नीचे झुकाकर हर दिन कड़ी मेहनत करनी थी, जब तक कि मैं वह हासिल न कर लूँ, जो मैं हासिल करने निकला था।"

"मुश्किल रहा होगा," केन ने कहा। "क्या यह वह सबसे मुश्किल चीज़ है, जो आपने की है?"

"नहीं, सबसे मुश्किल चीज़ मैंने आज तक यह की है कि एक मित्र से मदद माँगी - रियल इस्टेट मंदी वाले मित्र से नहीं, बल्कि एक दूसरे मित्र से। मैंने हमेशा चीज़ें ख़ुद की थीं। मैं आत्मनिर्भर क़िस्म का था। मुझे यक़ीन था कि मैं हर चीज़ अकेले ही सुलझा सकता हूँ। ज़ाहिर है, यह सही नहीं निकला। मैंने सलाह माँगी और यह कारगर रहा, क्योंकि इसने मेरे व्यवसाय का निर्मम आकलन करने और एक योजना बनाने में मेरी मदद की, ताकि

मैं उस झमेले से बाहर निकल सकूँ, जिसमें मैं फँसा हुआ था।”

सबसे मुश्किल चीज़ मैंने आज तक यह की है कि मैंने किसी से मदद माँगी।

“ज़ाहिर है, जब मैंने मदद माँगी, तो मुझे लग रहा था कि कोई आकर मुझे मुसीबत से बाहर निकाल लेगा - ऐसा कुछ नहीं हुआ। फिर मुझे बहुत जल्दी यह अहसास हो गया कि जब आप ऐसे झमेले के बीच में होते हैं, तो बाहरी मदद खोजना तो समझदारी का काम है, लेकिन आप दूसरों पर निर्भर नहीं रह सकते कि वे आपके लिए हर चीज़ कर दें। कोई मदद नहीं करता है - सब कुछ आपको ही करना होता है।”

बॉब ने छोटे टापू पर चारों ओर देखा। “मैं उन दिनों यहाँ बहुत आता था - सोचने के लिए, योजना बनाने के लिए, कार्य की तैयारी करने के लिए और दैनिक कड़ी मेहनत से अवकाश लेने के लिए।”

कोई मदद नहीं करता है - सब कुछ आपको ही करना होता है।

“वे सारी योजनाएँ जो आपने बनाईं, वह सारी कड़ी मेहनत जो आपने की, सुविचारित अभ्यास के घंटे ... उन्होंने ही आपको वह सफलता दिलाई, जो आज आपके पास है,” केन ने धीरे से कहा।

बॉब ने मौन सहमति में सिर हिलाया और सीधे केन को देखने लगे। उनका संदेश स्पष्ट था : *आप भी यह कर सकते हैं*।

5

30 दिन का फ़ॉर्मूला, जो आपकी ज़िंदगी बदल देगा

केन एक प्रतिशत वाले समूह की अगली सदस्य से मिलने पहुँचा। उसने जब रिसेप्शनिस्ट को अपना नाम बताया, तो उसके मन में यह प्रलोभन आया कि वह रुक जाए और कहे, "अचानक कोई मामला आ गया है, मुझे जाना होगा।" लेकिन फिर उसने कोच जिम की चढ़ी त्योरियों के बारे में सोचा और वह चुपचाप वेटिंग रूम में बैठ गया।

नाव यात्रा के बाद लगभग एक महीना बीत गया था। केन इस प्रक्रिया से तभी से असंतुष्ट महसूस कर रहा था, जब से उसे पता चला था कि किसी चीज़ में सचमुच बेहतरीन होने के लिए उसे कितने सारे घंटों के अभ्यास की ज़रूरत है। केन आभारी था कि बॉब ने उसे अपना समय दिया। उसे लगता था कि उन्होंने जो कहा था, वह सब सच था, लेकिन फिर भी उसके मन में एक अप्रसन्नता थी। निश्चित रूप से कोच जिम ने कहा था कि रास्ते में चुनौतियाँ आएँगी - लेकिन 10,000 घंटों की चुनौतियाँ? वह भी सिर्फ़ 1 प्रतिशत बेहतर बनने के लिए? अब तक परिवर्तन के उसके प्रयासों के परिणाम उतार-चढ़ाव भरे रहे थे और एक बार फिर वह अपने समर्पण पर सवाल करने लगा।

एक प्रतिशत वाले समूह की अगली सदस्य क्रिस थीं। वे एक मनोवैज्ञानिक थीं, जो एक व्यस्त क्लीनिक चलाती थीं। इस क्लीनिक का उद्देश्य लोगों की सीखने की क्षमता को अधिकतम करना था - "एक तरह का मानसिक जिम" जैसा फ़ुटबॉल कोच ने कहा था। केन को पक्का नहीं पता था कि वह यहाँ क्या कर रहा है, लेकिन उसने सोचा कि यह अपॉइंटमेंट वह अवसर हो सकता है, जहाँ वह इस पूरी प्रक्रिया से औपचारिक रूप से बाहर निकल

सकता है। आख़िर, ऐसा तो था नहीं कि उसने किसी अनुबंध पर हस्ताक्षर किए हों, उसने ख़ुद से कहा।

केन बहुत से लोगों को जानता था, जो ठीक उसी जैसे थे और वे अच्छी तरह जीवन जी रहे थे। उन्हें परिवर्तन और सुधार की किसी बड़ी योजना पर जाने की ज़रूरत महसूस नहीं होती थी। केन ने निर्णय लिया कि वह भी उनकी तरह ही रहने की कोशिश करेगा : वह परिस्थितियों को सर्वश्रेष्ठ समझेगा और अपनी नियामतें गिनेगा; हर साल वह नववर्ष के संकल्प बनाएगा, ताकि अपने उन पहलुओं पर काम करे जिनमें उसे सुधार की ज़रूरत महसूस होती थी।

उसने कोच जिम को यही योजना बताई थी, जब आख़िरकार अपने बेटे के फ़ुटबॉल मैच में जिम से उसका आमना-सामना हुआ। केन कोशिश कर रहा था कि मैच के बाद वह तेज़ी से अपने बेटे को कार तक ले आए, जैसा कि वह कुछ सप्ताह से करता आ रहा था, लेकिन जिम इस बार नहीं चूकने वाले थे। केन के पार्किंग लॉट में पहुँचने से पहले ही जिम उसके क़रीब आ गए। जिम ने बताया कि उनके पास क्रिस का फ़ोन आया था, जो इस बात पर हैरान हो रही थीं कि केन ने अब तक फ़ोन क्यों नहीं किया।

तब केन का सामना फ़ुटबॉल कोच की चढ़ी त्योरियों से हुआ। जिम ने केन को ज़मीनी नियमों के बारे में किया वादा याद दिलाया। उन्होंने केन को एक प्रतिशत के फ़ॉर्मूले के बारे में उसकी शुरुआती ऊर्जा और उत्साह की याद दिलाई। अंत में, केन एक प्रतिशत वाले समूह की अगली सदस्य से मिलने को तैयार हो गया।

उसने बॉब के साथ नाव यात्रा के तुरंत बाद नोट्स लिख लिए थे, लेकिन उन्हें देखा नहीं था। अब उसने सारी नसीहतों को व्यवस्थित करने के बारे में सोचा। इसलिए उसने अपनी नोटबुक खोलकर देखा कि उसने क्या सीखा था :

1. सर्वश्रेष्ठ में सर्वश्रेष्ठ बनने के लिए 10,000 घंटों के सुविचारित अभ्यास की ज़रूरत होती है।
2. जो भी व्यक्ति सुविचारित अभ्यास में समय बिताता है, उसका प्रदर्शन बेहतर होता है।

3. दैनिक कामों को सुविचारित अभ्यास में इस तरह बदलें :
   ए) यह आकलन करें कि आप किसी कार्य को कितनी अच्छी तरह करते हैं और अगली बार कैसे बेहतर बना सकते हैं
   बी) सृजनात्मक फ़ीडबैक लें
   सी) ऐसे लक्ष्य बनाएँ, जो चुनौतीपूर्ण हों और दूसरों की मदद से हासिल किए जा सकते हों।
4. अपनी तुलना दूसरों के बजाय ख़ुद से करें।
5. आगे की योजना बनाएँ और लक्ष्य तय करें, लेकिन वर्तमान में अपना सर्वश्रेष्ठ करें।

•••●•••

केन को उम्मीद थी कि क्रिस इस बात पर निराश, यहाँ तक कि नाराज़ भी होंगी कि उसने उस प्रक्रिया पर सवाल किया, जिसके प्रति वे ख़ुद समर्पित थीं। उसे सुखद हैरानी हुई, जब क्रिस ने उसे एक आरामदेह कुर्सी और एक कप चाय दी - और दोस्ताना अंदाज़ में उसकी बातें सुनीं। उन्होंने उसे बताया कि कोच जिम ने उन्हें मोटे तौर पर बता दिया था कि केन कैसा महसूस करता है और अब वे उसके ख़ुद के शब्दों में सब कुछ सुनना चाहती थीं। उन्होंने उसे अपने सामने बैठाया; वे तनावमुक्त दिख रही थीं और उस पर पूरा ध्यान दे रही थीं।

"क्रिस, मैं देख सकता हूँ कि एक प्रतिशत का फ़ॉर्मूला आपके और समूह के दूसरे लोगों के लिए कारगर रहा है - लेकिन मेरे पास अभ्यास करने के लिए हज़ारों घंटे हैं ही नहीं," उसने कहा। "अगर मेरे पास 10,000 घंटे हों भी, तो भी इसमें क्या तुक है, अगर इससे मुझे केवल 1 प्रतिशत का ही लाभ मिले?"

"ऐसा लगता है कि यह ज़्यादा मददगार रहेगा, अगर आप सुधार की इस प्रक्रिया को कम समय के संदर्भ में देखें," उन्होंने शुरू किया। "कार्लोस ने मुझे बताया है कि आप कभी-कभार गोल्फ़ खेलते हैं, ठीक है?"

"शायद महीने में एक बार," केन ने जवाब दिया।

"ठीक है, ब्रिटिश या यू.एस. ओपन या मास्टर्स जीतने लायक़ निपुण होने में आपको गोल्फ़ कोर्स पर कम से कम 10,000 घंटों के सुविचारित अभ्यास की ज़रूरत होगी - सहमत हैं?"

"हाँ, बॉब के साथ मुलाक़ात के बाद मैंने थोड़ा-बहुत पढ़ा था और मैं देख सकता हूँ कि यह लगभग प्रमाणित हो चुका है," केन ने जवाब दिया।

"मैं अच्छी तरह समझती हूँ कि इतने लंबे अभ्यास की संभावना ही हतोत्साहित कर देती है," क्रिस ने कहा। "लेकिन मान लेते हैं कि आप नियमित प्रशिक्षण लेने लगते हैं, ख़ुद को सप्ताह में कम से कम एक बार गोल्फ़ का एक राउंड खेलने के प्रति समर्पित करते हैं और हर दिन बस एक घंटे तक अपनी स्विंग का अभ्यास करते हैं, प्रशिक्षण वीडियो देखते हैं या प्रशिक्षण पुस्तकें पढ़ते हैं।"

"मैं शर्त लगाती हूँ कि पहले सप्ताह के बाद आप अभी की तुलना में अपनी योग्यता में *कम से कम* 1 प्रतिशत सुधार देखेंगे।"

"हाँ, मैं सोचता हूँ कि यह सही लगता है। मैं समझता हूँ कि 1 प्रतिशत सुधार कुछ नहीं से बेहतर है - लेकिन देखिए, अगर मुझे सिर्फ़ 1 प्रतिशत सुधार ही मिल रहा है, तो उसके लिए इतना सारा अभ्यास करने की क्या तुक है।"

"केन, शायद आपको इसे एक ज़्यादा लंबे लेंस से देखना चाहिए। आइए, मान लेते हैं कि आप अपनी नई दिनचर्या को क़ायम रखते हैं और आप अगले सप्ताह 1 प्रतिशत और सुधार कर लेते हैं।" वे ठहरीं और केन को यह विचार जज़्ब करने का समय दिया, फिर आगे बोलीं, "वह दूसरे सप्ताह का 1 प्रतिशत का सुधार आपकी योग्यता के मूल स्तर पर ही सुधार नहीं होगा। आप पहले ही 1 प्रतिशत बेहतर बन गए थे, इसलिए अब आप अपने सुधार को भी सुधार रहे होंगे, है ना?"

"आपका मतलब है, मेरे बैंक अकाउंट में चक्रवृद्धि ब्याज की तरह?"

क्रिस मुस्कराईं। "हाँ, आप इसे इस तरह देख सकते हैं। जिस तरह आप अपने ब्याज पर ब्याज कमाकर अपनी बचत की शक्ति बढ़ा सकते हैं, उसी तरह सुधार में भी तेज़ी से बढ़ने वाला प्रभाव होता है। अपनी

योग्यताओं के बैंक में सुविचारित अभ्यास की राशि जमा करते जाएँगे, तो आपको लगातार, बढ़ता सुधार दिखेगा। तीन या छह महीने बाद आप शुरुआत की तुलना में सिर्फ़ 1 प्रतिशत ही बेहतर नहीं होंगे। आप उससे बहुत आगे पहुँच गए होंगे," क्रिस ने कहा। "अगर आप सुविचारित अभ्यास को अपने जीवन का एक हिस्सा बना लेते हैं, तो इस चक्रवृद्धि सुधार का कोई अंत नहीं है, केन।"

"यह एक आकर्षक संभावना है," उसने जवाब दिया, "लेकिन मुझे अब भी पक्का नहीं है कि यह मनचाहे परिणाम पाने का सबसे आसान या सबसे तेज़ तरीक़ा है।"

"तो क्या आपके दिमाग़ में कोई दूसरी रणनीति है?"

"हाँ, दरअसल है। मैं अपने नववर्ष के संकल्प पहले ही लिख चुका हूँ," केन ने कहा और अपने नोटपैड में एक सूची खोल दी, ताकि क्रिस उसे देख लें। "ये वे परिवर्तन हैं, जो मैं पहली जनवरी से करने जा रहा हूँ। ये मेरे करियर, मेरे पारिवारिक जीवन, मेरी सेहत और मेरी फ़िटनेस को बेहतर बना देंगे। यह रणनीति मुझे तुरंत परिणाम देगी और फिर अगले साल मैं संकल्पों का दूसरा समूह बनाऊँगा, जब तक कि यह काम पूरा नहीं हो जाता।"

केन ने सोचा था कि मनोवैज्ञानिक उसकी योजना से प्रभावित होंगी, लेकिन उन्होंने तटस्थ हाव-भाव से उसे देखा; उनका सिर एक तरफ़ को झुका था।

"केन, अच्छे इरादों के लिए मैं आपकी प्रशंसा करती हूँ," वे बोलीं। "यह बड़ी अच्छी बात है कि आप बेहतर इंसान बनने के लिए इतने ज़्यादा समर्पित हैं - अपने लिए, अपने परिवार, अपने मित्रों और सहकर्मियों के लिए। लेकिन इस नीति को चुनने से पहले क्या आप उस शोध के बारे में सुनना चाहेंगे, जो नववर्ष के संकल्पों की प्रभावकारिता के बारे में किया गया है?"

केन ने जवाब दिया, "इससे सचमुच मदद मिलेगी, धन्यवाद।"

"नववर्ष के संकल्प शायद ही कभी काम करते हैं," उन्होंने कहा। "मिसाल के तौर पर, इंग्लैंड में एक युनिवर्सिटी प्रोफ़ेसर रिचर्ड वाइज़मैन नामक वैज्ञानिक ने नववर्ष का संकल्प लेने वाले लोगों पर शोध

किया था। केन, उन लोगों में से 88 प्रतिशत अपने संकल्पों को क़ायम रखने में नाकाम रहे।"

"इसका मतलब है कि अपनी सूची के संकल्पों को क़ायम रखने की आपकी संभावना लगभग दस में से एक है।"

"ओह," उसने कहा। अगर वह सटोरिया होता, तो इतनी कम संभावना पर कभी दाँव नहीं लगाता।

"इसका यह मतलब नहीं है कि बेहतर बनना असंभव है या मुझे बेहतर बनने की आपकी क्षमता पर संदेह है," क्रिस ने उसे आश्वस्त किया। "इसका मतलब तो बस यह है कि नववर्ष के संकल्प स्थायी सुधार करने के सबसे कम प्रभावी तरीक़ों में से एक हैं।"

नववर्ष के संकल्प शायद ही कभी कारगर होते हैं। 88 प्रतिशत लोग अपने नववर्ष के संकल्पों को क़ायम रखने में नाकाम रहते हैं।

"बात सिर्फ़ यही नहीं है कि वे प्रभावी नहीं हैं," उन्होंने आगे कहा। "वे मनोवैज्ञानिक दृष्टि से हानिकारक भी हो सकते हैं।"

केन ने जवाब दिया, "बेहतर इंसान बनने के संकल्प जैसी सकारात्मक चीज़ हानिकारक कैसे हो सकती है?"

"ज़्यादातर लोग हर साल जिस तरह के संकल्प लेते हैं, वे आम तौर पर इन श्रेणियों में आते हैं - वज़न, फ़िटनेस, करियर, संबंध, पैसा," क्रिस ने जवाब दिया। "मुश्किल यह है कि ये लक्ष्य अक्सर बहुत व्यापक होते हैं और इन सभी को एक साथ तथा एकदम हासिल करना लगभग नामुमकिन होता है। लेकिन संकल्प तय करते समय हम ख़ुद से ठीक यही करने को कहते हैं। क्या आप सोचते हैं कि आपकी सूची के संकल्पों का वर्णन इस तरह किया जा सकता है?"

केन ने एक बार फिर अपनी सूची देखी और उसे कहना पड़ा, "हाँ।" उसने उन बड़े परिवर्तनों का संकल्प लिया था, जो उसके जीवन में आमूलचूल सुधार ले आएँगे - या कम से कम उसने यही सोचा था। वह बोला, "आपके कहने का मतलब यह है कि नववर्ष के संकल्पों का असफल होना लगभग तय होता है।"

"हाँ, केन। जब हम कोई लक्ष्य हासिल करने में नाकाम रहते हैं, तो हमारे आत्म-नियंत्रण का अहसास खो जाता है। मुझे यक़ीन है कि आपकी जान-पहचान के कई लोग यह कहते होंगे कि 1 जनवरी के बाद वे कभी चॉकलेट नहीं खाएँगे या सिगरेट नहीं पिएँगे। वे एक पाउंड वज़न कम कर लेते हैं या एक सप्ताह तक सिगरेट नहीं पीते हैं और फिर अचानक ऐसा होता है कि उनका वज़न पहले से ज़्यादा बढ़ जाता है या फिर वे दोगुनी तेज़ी से सिगरेट पीने लगते हैं।"

"हमारे ज़्यादातर संकल्पों में हमारे आत्मसम्मान का कोई पहलू शामिल होता है, इसलिए यह भी कम हो जाता है। हम हताश और निराश बन सकते हैं - शायद नाउम्मीद भी। मैं इसी नुक़सान की बात कर रही हूँ।"

केन ने झुककर सामने की कॉफ़ी टेबल से भड़कीले रंग की स्ट्रेस बॉल उठा ली। वह दोबारा बैठ गया और मनोवैज्ञानिक की कही बातों पर विचार करते समय उसे बार-बार दबाने लगा।

"बदलना इतना मुश्किल क्यों होता है?" उसने पूछा। "शायद यह सब दिमाग़ में होता है और जो लोग अपने संकल्प क़ायम रखने में नाकाम रहे, उनमें बस पर्याप्त अनुशासन नहीं था। यह भी तो हो सकता है कि उनमें इतनी इच्छाशक्ति नहीं रही हो?"

"यही बात है, केन। यह अधिकतर दिमाग़ में होता है और आपने एक प्रमुख कारण पर रोशनी डाली है, जिस वजह से संकल्प आम तौर पर नाकाम होते हैं : इच्छाशक्ति की विश्वव्यापी कमी।"

"जनवरी के पहले सप्ताह के अंत तक संकल्प लेने वाले केवल 75 प्रतिशत लोग ही अपने संकल्पों पर टिके रहते हैं। इसका मतलब है कि चार में से एक में इतनी इच्छाशक्ति भी नहीं होती कि वह अपने संकल्प पर सात दिन भी टिक पाएँ। जैसे-जैसे सप्ताह गुज़रते जाते हैं, लोगों की इच्छाशक्ति जवाब देने लगती है। वास्तव में, जो लोग केवल इच्छाशक्ति पर ही निर्भर होते हैं, वे स्थायी परिवर्तन

जनवरी के पहले सप्ताह के अंत तक संकल्प लेने वाले केवल 75 प्रतिशत लोग ही अपने संकल्पों पर टिके रहते हैं। इसका मतलब है कि चार में से एक में इतनी इच्छाशक्ति भी नहीं होती कि वह अपने संकल्प पर सात दिन भी टिक पाएँ।

करने में सबसे कम सफल होते हैं।"

"लेकिन अगर *मैं* सचमुच इसका मन बना लूँ, तो क्या होगा?"

"मुट्ठी भर लोग अपने संकल्पों से चिपके रहते हैं - लेकिन उनकी सफलता का कारण शायद ही कभी यह होता है कि वे इस बारे में अपना मन बना लेते हैं," उन्होंने कहा और अपने पास वाले शेल्फ़ से इंसानी मस्तिष्क का एक मॉडल उठा लिया।

उन्होंने इसे ऊपर उठाया, ऊपरी सामने वाले हिस्से की ओर इशारा किया और बोलीं, "आपकी इच्छाशक्ति के लिए सबसे ज़्यादा ज़िम्मेदार मस्तिष्क का हिस्सा यहाँ रहता है, आपके माथे के ठीक पीछे। यह बहुत सारे काम करता है : यह आपको एकाग्र रखता है, आपकी अल्पकालीन स्मृति को सँभालता है और जटिल समस्याओं को सुलझाता है। इससे अचानक किसी पुरानी आदत को बदलने की इच्छाशक्ति माँगना अक्सर इस पर कुछ ज़्यादा ही बोझ लादने जैसा हो जाता है।"

"ऐसा आंशिक तौर पर इसलिए होता है, क्योंकि मस्तिष्क के पुरस्कार और प्रेरणा तंत्र पर काम करने वाले मानसिक रसायन, जो गहराई में होते हैं" - अब उन्होंने नीचे की तरफ़ इशारा किया - "आदत बनाने का बहुत अच्छा काम कर देते हैं। आप अचेतन रूप से चीज़ों को हर बार एक ही तरीक़े से करते हैं। आप जो भी करते हैं, हर उस चीज़ के बारे में चेतन निर्णय लेना बहुत थकाने वाला काम होगा। अगर यक़ीन न हो, तो ज़रा सोचकर देखें कि आप किस तरह से ब्रश करते हैं।"

केन ने अपने दिमाग़ में उन गतिविधियों को याद किया और उसे अहसास हुआ कि वह उसी जगह से शुरुआत करता था और हर बार वही क्रम दोहराता था।

क्रिस ने मॉडल को वापस शेल्फ़ पर रख दिया। "अब हम एक छोटा अभ्यास करते हैं," उन्होंने कहा। "अपनी बाँहें अपने ठीक सामने रखें और अपने हाथों को इकट्ठे जकड़ लें, आपकी अँगुलियाँ आपस में गुँथी होनी चाहिए।" केन ने वही किया, जो क्रिस ने कहा था।

"मैं देखती हूँ कि आपका एक अँगूठा ऊपर है," उन्होंने कहा।

केन ने देखते हुए कहा, "हाँ, यह है।"

“अब अपने हाथ खोल दें और उन्हें इस तरह दोबारा बाँधें, ताकि दूसरा अँगूठा ऊपर रहे।”

जब उसने ऐसा कर दिया, तो उन्होंने पूछा, “यह कैसा महसूस होता है?”

“अजीब,” केन ने कहा। “मुझे कभी अहसास ही नहीं हुआ था कि मैं अपने हाथों को इकट्ठे लाने के एक तरीक़े को अपने आप ज़्यादा पसंद करता हूँ। अब जब मैंने इसे अलग तरीक़े से कर दिया है, तो यह असहज और... अजीब महसूस होता है।”

“आप अपने हाथ ढीले छोड़ सकते हैं, केन,” क्रिस ने कहा। “अब मैं चाहती हूँ कि आप उन समयों के बारे में सोचें, जब आपने वह परिवर्तन करने की कोशिश की थी, जो कार्लोस ने आपको एक महीने तक करने के लिए प्रोत्साहित किया था। जब आपने उसकी कोशिश की थी, तब आपको कैसा महसूस हुआ था?”

“दरअसल, मुझे तब काफ़ी कुछ वैसा ही महसूस हुआ था, जैसा अभी महसूस हुआ था। चीज़ों को करने का नया तरीक़ा मुझे स्वाभाविक नहीं लगा था,” उसने स्वीकार किया। “मैंने हमेशा सोचा था कि अपने प्रति सच्चा रहना महत्त्वपूर्ण है और जब मैंने काम करने का नया तरीक़ा आज़माया, तो मुझे लगा जैसे मैं कोई दूसरा इंसान बन गया हूँ। मैं असहज महसूस कर रहा था।”

“यह अच्छी बात है, केन,” उन्होंने कहा।

वह हैरान दिखने लगा।

“केन, मैं जानती हूँ कि हमारा मस्तिष्क किस तरह बना है। अगर किसी चीज़ को करने के नए तरीक़े से आप असहज महसूस नहीं करते, तो मुझे आपकी मानसिक सेहत के बारे में चिंता होती। सवाल यह है : क्या आप उस असहजता के बावजूद काम करते रहे? क्या आपने इसके बाद भी उस परिवर्तन को कम से कम एक महीने तक क़ायम रखा?”

थोड़ी शर्मिंदगी से केन ने जवाब दिया, “चूँकि इससे मैं और कुछ दूसरे लोग असहज महसूस करते थे, इसलिए मैं बीच में दिन छोड़ने लगा। मैंने जितने ज़्यादा दिन छोड़े, दोबारा शुरू करना उतना ही मुश्किल हो गया।”

"यानी आप कमोबेश अपनी पुरानी आदत पर लौट आए?"

"हाँ, शायद यह कहना जायज़ होगा। ज़्यादातर मामलों में चीज़ें वापस उनके पुराने स्तर पर स्वाभाविक रूप से स्थिर हो गई हैं।"

"क्या यह कुछ हद तक आपके घर के तापमान जैसा था, जो थोड़ा इधर-उधर तो हो सकता है, लेकिन हमेशा थर्मोस्टेट द्वारा तय बिंदु पर लौट आता है?" क्रिस ने पूछा। केन ने सिर हिलाया और क्रिस ने आगे कहा, "हम भी ऐसा ही करते हैं, केन। हममें एक निश्चित तय बिंदु पर लौटने की आसान प्रवृत्ति होती है, जिसके हम आदी हो चुके हैं - एक ऐसा बिंदु जहाँ हम आरामदेह होते हैं।"

"कई बार इससे लड़ने की कोशिश बेतुकी नज़र आती है," केन ने कहा। "शायद मेरे लिए सबसे समझदारी भरी बात यह होगी कि मैं उन सभी चीज़ों में बेहतर बनने की कोशिश छोड़ दूँ, जिन्हें बदलना मुश्किल है। यदि मुझे किसी चीज़ का अभ्यास करने में घंटों बिताना ही है, तो शायद मुझे उसी जीवन के साथ ख़ुश रहने का अभ्यास करना चाहिए, जो मेरे पास इस वक़्त है।"

"क्या आपको इस बारे में यक़ीन है, केन?" क्रिस ने पूछा। "आप यहाँ नववर्ष के संकल्पों से लैस होकर आए थे, यह तथ्य मेरे लिए दरअसल एक महत्त्वपूर्ण संकेत था। शोध बताता है कि आप जितने कम ख़ुश होते हैं, आपके नववर्ष के संकल्प तय करने की उतनी ही ज़्यादा संभावना होती है।"

वे एक पल के लिए ख़ामोश रहीं। उन्होंने केन को वह भाव याद करने का समय दिया, जो उसने प्रक्रिया की ठीक शुरुआत में महसूस किया था, जब वह जागा था और उसे अहसास हुआ था कि वह सचमुच अपने जीवन में परिवर्तन करना चाहता था और उसे इसकी ज़रूरत थी।

"हममें चीज़ों को कुछ ज़्यादा ही लंबे समय तक पकड़े रखने की प्रवृत्ति रहती है," क्रिस ने आगे कहा। "हमारी आत्म-छवि के पुराने दक़ियानूसी संस्करण, पुरानी चोटें और द्वेष, सफल होने और परिवर्तन करने की हमारी क़ाबिलियत के बारे में सीमित करने वाले विश्वास।"

केन ने अपने जीवन के कई उदाहरणों के बारे में सोचा।

फिर क्रिस ने पूछा, "क्या आपने देखा है कि जब कोई किसी शिशु को

उसकी माँ की गोद से लेता है, तो क्या होता है?"

"ओह, मेरे दोनों बच्चे ऐसे दौर से गुज़रे, जब बेबीसिटर को थमाने पर वे रोने लगते थे - मेरा मतलब है, सचमुच रोने लगते थे," केन ने याद किया।

"क्या आप हैरान होंगे, अगर मैं आपको बताऊँ कि हममें से ज़्यादातर लोग अब भी उस दहशतज़दा शिशु प्रतिक्रिया को महसूस करते हैं? हो सकता है कि आप सचमुच किसी बच्चे की तरह हाथ-पैर न मारें और चीख़-पुकार न करें, लेकिन परिवर्तन होने पर मन में अक्सर यही होता है - भले ही वह परिवर्तन आप ख़ुद कर रहे हों।"

"लात मारने और रोने की यह प्रतिक्रिया शिशु के रूप में उपयोगी हो सकती है, लेकिन अब उसे छोड़ने का समय आ गया है," क्रिस ने कहा।

कई बार केन परिवर्तन के ख़िलाफ़ जूझा था, यहाँ तक कि सकारात्मक परिवर्तन के ख़िलाफ़ भी। उसने सोचा, अगर यह प्रतिरोध छूट जाए, तो कितनी राहत की बात होगी। उसने पूछा, "लेकिन अगर इच्छाशक्ति इतनी ज़्यादा विश्वसनीय नहीं है और हमारा मस्तिष्क इस तरह बना है, ताकि हम अचेतन रूप से चीज़ों को हर बार एक ही तरीक़े से करें, तो क्या मैं सचमुच बदल सकता हूँ?"

क्रिस ने केन को संकेत किया कि वह स्ट्रेस बॉल उनकी ओर उछाले। "अच्छी ख़बर यह है कि आपके मस्तिष्क का आकार भी दोबारा बदल सकता है, ठीक इस स्ट्रेस बॉल की तरह," उन्होंने इसे दबाते हुए कहा। "ऐसा *न्यूरोप्लास्टिसिटी* (तंत्रिका सुनम्यता) की वजह से होता है। आपका मस्तिष्क इस संदर्भ में *प्लास्टिक* यानी लचीला है कि आप इसे ढाल सकते हैं।" क्रिस ने बॉल केन की ओर वापस उछाल दी। "जब भी आप कोई नई चीज़ सीखते या करते हैं, तो आपका मस्तिष्क नए संयोजन या कनेक्शन बना देता है। आप इसे जो नए काम देते हैं, उनसे निबटने के लिए यह शारीरिक रूप से बदल जाता है। आप जिस तरह चीज़ों को करते हैं, उसमें स्थायी परिवर्तन करने की कुंजी यह है कि आप उन नए संयोजनों को बढ़ावा देने का आदर्श तरीक़ा जान लें।"

जब भी आप कोई नई चीज़ सीखते या करते हैं, तो आपका मस्तिष्क नए संयोजन या कनेक्शन बना देता है।

"मैं आपसे रास्ता दिखाने की उम्मीद कर रहा हूँ," केन ने मुस्कराते हुए कहा।

"यह आश्चर्यजनक रूप से आसान है," उन्होंने पलटकर मुस्कराते हुए कहा। "एक आदत चुन लें - किसी चीज़ को करने का तरीक़ा - जिसे आप बदलना चाहते हों। छोटे और निश्चित परिवर्तन का लक्ष्य बनाएँ। यदि आप बहुत बड़े या मुश्किल परिवर्तन का लक्ष्य बनाते हैं, तो यह जोखिम रहता है कि आप अंत में नाकाम या हतोत्साहित हो जाएँगे, जैसा कि नववर्ष के उन बड़े संकल्पों के साथ होता है, जिनके बारे में हमने बात की थी।"

"एक बार जब मैं अपना मनचाहा परिवर्तन चुन लूँ, उसके बाद मुझे क्या करना चाहिए?"

"कार्य करने के उस तरीक़े को *30 दिनों तक हर दिन* अपनाएँ। 30 दिनों के अंत में यह एक आदत बन जाएगा, जो स्वचालित होगी।"

"वाक़ई?"

"यह सही है, केन। उसके बाद इसमें उतने ज़्यादा चेतन प्रयास की ज़रूरत नहीं होगी। इसके बाद आप कोई दूसरा छोटा परिवर्तन करने की ओर बढ़ सकते हैं, एक महीने तक हर दिन उसका अभ्यास कर सकते हैं, फिर अगले परिवर्तन की ओर बढ़ सकते हैं। हर साल आप अपने जीने और कार्य करने के कम से कम 12 पहलुओं को स्थायी रूप से बदल सकते हैं, केन। जब तक आप ख़ुद को और अपने जीवन को बेहतर बनाना चाहें, तब तक आप इस प्रक्रिया को जारी रख सकते हैं।"

"30 दिनों की यह जादुई संख्या कहाँ से आई?"

"मैक्सवेल माल्ट्ज़ नाम के व्यक्ति ने, जो लेखक, महान चिंतक और प्लास्टिक सर्जन थे, इस बात पर ग़ौर किया कि प्लास्टिक सर्जरी कराने वाले रोगियों को भावनात्मक दृष्टि से इस परिवर्तन का आदी होने में औसतन 21 दिन लगते हैं।"

किसी नई चीज़ का आदी होने और नए संयोजन बनाने में आपके मस्तिष्क को न्यूनतम 21 दिन का समय लगता है।

"उन्होंने यह भी पाया कि किसी नई चीज़ का आदी होने और नए संयोजन बनाने में मस्तिष्क को न्यूनतम 21 दिन

का समय लगता है। इसलिए किसी सकारात्मक आदत को डालने या किसी नकारात्मक आदत को छोड़ने के लिए कम से कम 21 दिनों के न्यूनतम प्रयास की ज़रूरत होती है।"

"मेरे अनुभव में, 30 दिनों के संदर्भ में सोचना ज़्यादा मददगार है, क्योंकि इसे अपने कैलेंडर में फ़िट करना और इसकी निगरानी करना ज़्यादा आसान होता है। इससे आपको यह मौक़ा मिलता है कि आप सिर्फ़ न्यूनतम 21 दिनों तक ही वह कार्य न करें, बल्कि नए व्यवहार को कुछ दिन ज़्यादा करके अपने दैनिक जीवन में सचमुच मज़बूत बना लें।"

"पैट की शब्दावली में कहें, तो आप बाहरी शक्ति डाल रहे हैं, जो आपको आपकी निष्क्रियता से बाहर निकालती है और नई आदत पर केंद्रित रखती है, जब तक कि यह आपके कार्य करने का आदतन तरीक़ा नहीं बन जाती।"

"क्या आपने इसे लोगों के लिए कारगर होते देखा है?" केन ने पूछा।

"मेरे क्लीनिक में आने वाले लोगों के लिए यह हमेशा कारगर होता है। मैंने इसे एक प्रतिशत समूह के सभी सदस्यों के लिए कारगर होते देखा है। वास्तव में, मेरे पास एक परिवर्तन का बेहतरीन उदाहरण है, जो मैंने हाल ही में किया है। कुछ समय पहले आपको मेरी डेस्क पर मनोविज्ञान के जर्नल्स का विशाल ढेर दिखता। वे न सिर्फ़ गंदे और अव्यवस्थित दिखते थे, बल्कि मैं उनमें शामिल नवीनतम शोध की जानकारी से भी वंचित थी। मैं एक सप्ताह गुज़र जाने देती थी, फिर दूसरा सप्ताह और अचानक ढेर इतना बड़ा हो जाता था कि उसे कम करने की हिम्मत ही नहीं होती थी।"

"मैंने एक नई आदत डालने के लिए ख़ुद को एक महीने का समय दिया : मैं आने वाली नई पत्रिकाओं को तुरंत पढ़ लेती थी, जबकि हर रात मैं पुराने ढेर में से एक पत्रिका उठाकर घर ले जाती थी, उसे पढ़ती थी, मनपसंद लेखों को निकालकर फ़ाइल में लगा लेती थी और इसके बाद पत्रिका को फेंक देती थी। शुक्रवार को मैं वीकएंड के हर दिन के लिए कुछ अतिरिक्त पत्रिकाएँ ले जाती थी। दो महीनों बाद ढेर ग़ायब हो गया। अब लगभग छह महीने गुज़र चुके हैं, लेकिन वह ढेर दोबारा नज़र नहीं आया।"

"एक तरह से, एक प्रतिशत के फ़ॉर्मूले का यह हिस्सा वुडी एलन के

महान उद्धरण की तरह है, 'जीवन का नब्बे प्रतिशत हिस्सा तो बस कमर कसना है।' आप बस अपना एक पैर दूसरे के सामने रखते हैं और बहुत जल्दी ही आप वहाँ पहुँच जाते हैं, जहाँ आप पहुँचना चाहते थे। यह एक बार में टर्म पेपर के एक-दो पेज लिखने या पत्रिका के ढेर में से एक-दो पत्रिकाएँ पढ़ने के बारे में है - यह *लगातार* उन चीज़ों को करने के बारे में है, जिनके बारे में आप जानते हैं कि वे आपको वहाँ ले जाएँगी, जहाँ आप पहुँचना चाहते हैं। जो भी किसी भी चीज़ में सफल हुआ है, उसने यही किया है।"

"जीवन का नब्बे प्रतिशत हिस्सा तो बस कमर कसना है।" - वुडी एलन

केन ने एक बार फिर अपने नववर्ष के संकल्पों की सूची उठाई। "तो क्या आप यह कह रही हैं कि मैं इन बड़े संकल्पों को ज़्यादा छोटे, ज़्यादा आसानी से होने वाले परिवर्तनों में बाँट दूँ। फिर मैं 30 दिनों तक एक-एक करके हर आदत से मुक़ाबला करूँ, तभी मैं स्थायी सुधार कर पाऊँगा?"

"बिलकुल, केन। अगर आप नववर्ष के संकल्प बनाने पर ज़ोर ही देना चाहते हैं, तो यह संकल्प लें कि आप जनवरी में अपने निजी या पेशेवर जीवन के किसी पहलू को कम से कम एक प्रतिशत सुधारेंगे। फिर इस काम में अपनी मदद के लिए योजना बनाएँ और जनवरी के हर दिन इसका अभ्यास करें। इससे आप उस आदत की एक मज़बूत नींव डाल लेंगे और आप इस सिलसिले को आगे बढ़ा सकते हैं।"

"क्या उन पहले 30 दिनों को पार करने के लिए आपके पास कोई सुझाव हैं?"

"नई आदत को क़ायम रखने के लिए रास्ते में ख़ुद को पुरस्कार अवश्य दें। अपने मित्रों का समर्थन पाने के लिए उन्हें अपने लक्ष्य के बारे में बताएँ। इस बात पर ध्यान केंद्रित करें कि जब आप सफल होते हैं, तो यह कितना बेहतरीन होगा। इस बात पर ध्यान न दें कि अगर आप असफल हो गए, तो क्या होगा। अपनी नई आदत को लिख लें और अपनी प्रगति की डायरी रखें। अगर आपके पास दो आदतें हों, जिन्हें आप बदलना चाहते हों और वे दोनों क़रीबी रूप से जुड़ी हों - जैसे वज़न कम करना और ज़्यादा व्यायाम करना - तो यह बेहतर हो सकता है कि आप उन दोनों को एक ही साथ लें। अन्यथा आपकी सफलता की ज़्यादा संभावना तब रहती है, जब आप

एक समय में एक ही आदत को बदलते हैं।"

क्रिस ने केन को एक पल दिया, ताकि वह इन सुझावों को अपनी नोटबुक में लिख ले।

•••●•••

"मेरी पत्रिकाओं का ढेर बस एक उदाहरण है," क्रिस ने आगे कहा। "आप जिस तरह से कार्य करते हैं, उसमें से किसी को भी 1 प्रतिशत बदलने का संकल्प ले सकते हैं - जिसमें आपके सोचने और महसूस करने का तरीक़ा भी शामिल है।"

केन ने अपनी नोटबुक से ऊपर देखा; वह थोड़ा हतप्रभ था। "लेकिन मैं कैसे सोचता और महसूस करता हूँ, इसकी योजना मैं पहले से नहीं बनाता हूँ। मैं तो बस प्रतिक्रिया करता हूँ। मैं इस पर कैसे नियंत्रण कर सकता हूँ या इसे कैसे बदल सकता हूँ?" उसने पूछा।

"सबसे स्पष्ट आदतें जो हममें होती हैं, वे हैं हमारे कार्य," क्रिस ने जवाब दिया। "कुछ सकारात्मक होते हैं - मान लें कि हर सुबह आप आदतन अपने दाँतों पर ब्रश करते हैं और इसके बाद 20 मिनट तक योग करते हैं। दूसरी ओर, आपके कुछ आदतन कार्य नकारात्मक हो सकते हैं - जैसे आप ब्रश करने के बाद सिगरेट पीने लगते हैं।"

केन सिगरेट नहीं पीता था, लेकिन वह कई नकारात्मक चीज़ों के बारे में सोच सकता था, जो वह आदतन करता था।

"इस दौरान, सारे समय आपके दिमाग़ के भीतर एक तरह की रनिंग कमेंट्री चल रही होती है, जो उन मानसिक आदतों का परिणाम होती है, जो किसी भी अन्य आदत जितनी ही शक्तिशाली होती हैं।"

"एक बार फिर, मानसिक आदतें सकारात्मक या नकारात्मक हो सकती हैं," क्रिस ने आगे कहा। "जब आप ब्रश करते हैं, तो शायद आप अपने आगे के दिन के बारे में आत्मविश्वास या उद्देश्य के अहसास के साथ सोचते हैं - या फिर आप चिंता या बोरियत के साथ सोचते हैं।"

"आप यह कह रही हैं कि ख़ुद के या किसी स्थिति के बारे में सोचने

और महसूस करने के कई अलग-अलग तरीक़े होते हैं, लेकिन मैं सारे समय आदतन उसी तरह सोचने और महसूस करने में क़ैद हो जाता हूँ।"

"सही कहा," उन्होंने कहा। "केन, क्या कभी किसी बॉस ने आप पर चिल्लाया है या आपकी आलोचना की है?"

केन ने सिर हिलाया - और मुस्कराया, जब क्रिस ने कहा, "देखिए, इससे साबित होता है कि आप सामान्य हैं!"

"हम इस अनुभव को *एक्टिवेटिंग (उद्दीपक या सक्रिय करने वाली) घटना* कहते हैं।" उन्होंने एक बड़े नोटपैड पर ये शब्द लिख दिए। "इससे आपको कैसा महसूस हुआ?"

"नाराज़, अप्रेरित और दुखी, ज़ाहिर है," उसने कहा।

"आइए हम इन भावनाओं को *परिणाम* कहते हैं," क्रिस ने कहा और उन शब्दों को उसी नोटपैड पर लिख लिया।

उद्दीपक घटना (एक घटना या जीवन तनाव)

↓

↓

परिणाम (भावना या कार्य)

"मैंने ग़ौर किया था कि आपने 'ज़ाहिर है' कहा। क्या आप किसी दूसरे तरीक़े से प्रतिक्रिया कर सकते थे, क्या आपके पास कोई दूसरा विकल्प था?"

"देखिए, मुझे लगता है कि मैं इस्तीफ़ा दे सकता था," उसने कहा।

"ठीक है, अब मैं आपको एक पार्ट-टाइम नौकरी के बारे में बताती हूँ, जो मैंने कॉलेज में दो मित्रों के साथ की थी। हम रिसर्च में अपने प्रोफ़ेसर की मदद कर रहे थे।"

"वे विकट इंसान थे, जिनका गुस्सा मशहूर था। एक दिन वे अंदर आए और ज्वालामुखी की तरह फट पड़े - चीख़ते-चिल्लाते रहे कि वे हमारे काम और उत्पादकता के स्तर से निराश थे।"

"जैसे ही उनका चिल्लाना ख़त्म हुआ, मेरी सहेली सिंडी रोने लगी और

काम छोड़कर चली गई। उसने हमें बाद में बताया कि उसके लिए यह स्पष्ट था कि उसे अक्षम माना जाता था और वह प्रोफ़ेसर का सम्मान दोबारा कभी हासिल नहीं कर सकती थी। सिंडी ने प्रमुख विषय भी बदल लिया, हालाँकि उसका असली लक्ष्य हमेशा मनोवैज्ञानिक बनना था।"

"मेरा मित्र बिल - देखिए, उसने सोचा कि प्रोफ़ेसर का मूड उस दिन ख़राब था। बिल ने अपना सिर झुकाया और हमेशा की तरह काम करता रहा, मानो कुछ हुआ ही न हो।"

केन ने पूछा, "आपने क्या किया, क्रिस?"

"पहले तो मैं सदमे में थी और नाराज़ थी," उन्होंने जवाब दिया। "ख़ुद को सँभालने के लिए मैं बाहर टहलने गई। प्रोफ़ेसर ने जो कहा था, मैंने उसके बारे में सोचा। कुछ बातें सही नहीं थीं - लेकिन कुछ ऐसी बातें भी थीं, जिनमें वे सही हो सकते थे। मैं प्रयोगशाला लौटी और काम करने के कुछ नए तरीक़े आज़माने लगी। मेरे नवाचार रंग लाए और शोध सहायक की छोटी सी नौकरी मेरे करियर की सीढ़ी बन गई।"

"आप सभी ने एक ही उद्दीपक घटना का अनुभव किया - लेकिन तीन बहुत अलग परिणाम हुए," केन ने कहा।

"यह सही है। हममें से ज़्यादातर लोग सोचते हैं कि उद्दीपक घटना परिणाम उत्पन्न करती है : आपका बॉस आप पर चिल्लाता है, इसलिए आप नाराज़ और खिन्न महसूस करते हैं," क्रिस ने कहा। "लेकिन यह उद्दीपक घटना नहीं है, जो परिणाम की ओर ले जाती है। यह तो उस उद्दीपक घटना के बारे में आपके *विश्वास* हैं, जो एक ख़ास तरीक़े से आपको महसूस कराते हैं या आपसे काम कराते हैं।" फिर उन्होंने अपने रेखाचित्र में कुछ जोड़ा, जिससे यह इस तरह दिखने लगा :

उद्दीपक घटना (एक घटना या जीवन तनाव)

↓

विश्वास (एक विचार, राय या दृढ़ मान्यता)

↓

परिणाम (एक भावना या कार्य)

"जब आप पैदा हुए थे, तब आपके पास कोई विश्वास या राय नहीं थी," उन्होंने कहा। "आपने धीरे-धीरे उन्हें इकट्ठा किया - अपने परिवार के सदस्यों से, स्कूल के बच्चों से, अपने अनुभवों आदि से। हो सकता है कि आपके विश्वास मेरे मित्रों या मुझसे या किसी दूसरे से बहुत अलग हों। आप अचेतन रूप से उन विश्वासों की छलनी से ही घटनाओं का अर्थ निकालते हैं।"

"क्रिस, क्या आप मुझे बता सकती हैं कि एक प्रतिशत के फ़ॉर्मूले से इसका संबंध कैसे है?"

"चूँकि आपके विश्वासों के कारण ही आप एक ख़ास तरह से महसूस करते हैं और कार्य करते हैं, *इसलिए आपके विश्वासों में यह शक्ति है कि वे आपके लक्ष्य हासिल करने में आपकी मदद करें*। या फिर आपकी प्रगति को रोकने में," क्रिस ने जवाब दिया। "लगातार सुधार करने और उस सबसे महत्त्वपूर्ण 1 प्रतिशत को हासिल करने के लिए आपको पीछे हटकर अपने विश्वासों पर नज़र डालने की ज़रूरत है और अगर वे आपके लिए काम नहीं कर रहे हैं, तो उन्हें बदलने की ज़रूरत भी है।"

"क्या आप सचमुच अपने विश्वासों को बदल सकते हैं?" केन ने पूछा।

"आप निश्चित रूप से कर सकते हैं। मनुष्य एकमात्र कल्पनाशील प्रजाति है। यह आपके ख़िलाफ़ काम कर सकता है - मिसाल के तौर पर, हमारे प्रोफ़ेसर के गुस्से के बाद सिन्डी की दुखद व्याख्या को देखें। या आप अपनी कल्पना से अपने *लिए* काम करा सकते हैं। कुंजी है अभी तक की शक्ति।"

कुंजी है अभी तक की शक्ति।

क्रिस ने केन को इसे लिखने के लिए एक पल दिया और फिर उससे पूछा, "क्या आप मुझे अपने किसी सपने या लक्ष्य के बारे में बता सकते हैं, जिसे आपने हासिल न किया हो?"

उसने कई के बारे में सोचा और फिर यह कहने का निर्णय लिया : "मैं मिलियनेअर नहीं हूँ।"

"जब आप यह कहते हैं, तो आप कैसा महसूस करते हैं?"

"ख़ुद से थोड़ा निराश।"

"ठीक है, अब इस वाक्य में अभी तक जोड़ने की कोशिश करें।"

"मैं अभी तक मिलियनेअर नहीं हूँ।"

केन के चेहरे पर एक मुस्कान थिरकने लगी। "क्रिस, यह अद्‌भुत है। *अभी तक* जोड़ने से मेरा नज़रिया तुरंत बदल गया। इससे मैं ज़्यादा सकारात्मक महसूस करने लगा, मानो मुझे कोशिश करते रहना चाहिए। मैं इसे अपने शरीर में भी महसूस कर सकता हूँ – मैं ऊर्जा और स्वास्थ्य का सैलाब महसूस करता हूँ।"

"मुझे हैरानी नहीं है, केन, क्योंकि मस्तिष्क और शरीर के बीच संबंध होता है। अगर आप अपने मस्तिष्क को बदल लेते हैं, तो आप अपने शरीर को भी बदल सकते हैं," क्रिस ने कहा। "एक अध्ययन में, जिन लोगों ने तीन सप्ताह तक हर दिन 20 मिनट तक बास्केटबॉल के फ़्री थ्रो का अभ्यास किया, उनमें 24 प्रतिशत सुधार हुआ। इसमें कुछ भी अद्‌भुत नहीं है – लेकिन जिन लोगों ने सचमुच थ्रो नहीं किया, बल्कि हर दिन 20 मिनट तक यह मानसिक चित्र *देखा* कि वे फ़्री थ्रो कर रहे हैं, उनमें भी लगभग उतना ही सुधार हुआ – 23 प्रतिशत।"

"आपका मतलब है, सकारात्मक सोच जैसा?" केन ने पूछा।

"नहीं," क्रिस ने कहा और अपना सिर ज़ोर से हिलाया। "उन्होंने सिर्फ़ 'अच्छे विचार' ही नहीं सोचे। उन्होंने तो अपने मन में यह तस्वीर देखी कि वे गेंद पकड़ रहे हैं, फ़्री थ्रो की लाइन तक जा रहे हैं, बॉल को दो बार ज़मीन पर उछाल रहे हैं, ख़ुद को सही जगह पर रख रहे हैं, शॉट मार रहे हैं और बॉल को जाली में गिरते देख रहे हैं। रोचक बात यह है कि इस शोध से हमें यह पता चला कि जब आप ऐसे मानसिक चित्रण से गुज़रते हैं, तो उस कार्य में सम्मिलित मांसपेशी समूह उसी क्रम से सक्रिय होता है, जैसा कि उसे सचमुच करने पर होता।"

"यदि मस्तिष्क शरीर को बदलता है, तो निश्चित रूप से शरीर भी मस्तिष्क को बदल सकता होगा," केन को अहसास हुआ।

"बेहतरीन बात है। इसका मतलब है कि आप अपने नज़रिये को ज़्यादा सकारात्मक, ज़्यादा मददगार बनाने के लिए कुछ शारीरिक तकनीकों का इस्तेमाल भी कर सकते हैं। मेरे पास एक अभ्यास है, जिसका इस्तेमाल

आप चाहें तो इसी समय कर सकते हैं।"

शरीर मस्तिष्क को बदल सकता है, और मस्तिष्क शरीर को बदल सकता है।

"हाँ, हाँ, ज़रूर।"

"सबसे पहले, अपने बेल्ट बकल की ओर नीचे देखें।" केन ने ऐसा ही किया और क्रिस ने अपनी घड़ी देखी। 10 सेकंड बीतने पर क्रिस ने केन से पूछा कि उसे कैसा महसूस हो रहा था; उसका सिर अब भी नीचे लटका हुआ था।

"मैं थका-थका महसूस करता हूँ। सप्ताह मुश्किल रहा है। सच कहूँ, तो मैं थोड़ा नीरस महसूस कर रहा हूँ," उसने कहा।

"ठीक है, अपनी ठुड्डी और सीने को ऊपर उठाएँ।" उसने ऐसा ही किया और उन्होंने पूछा, "अब आप कैसा महसूस करते हैं?"

"वाह, मैं उसी तरह महसूस करता हूँ, जैसा मैंने तब महसूस किया था, जब मैंने *अभी तक* जोड़ा था - ज़्यादा हल्का, ज़्यादा सकारात्मक। कम थका हुआ।"

"जब भी आप किसी चीज़ के बारे में अपनी कोशिश को लेकर हताश महसूस कर रहे हों, तो इस व्यायाम और *अभी तक की शक्ति* का इस्तेमाल करने की कोशिश करें।"

केन अब समझ गया कि कोच जिम ने उससे इस प्रक्रिया से चिपके रहने का वादा क्यों लिया था। अब जब वह उन बाधाओं से निबट चुका था, जिनके बारे में जिम ने उसे चेतावनी दी थी, तो वह ज़्यादा शक्तिशाली, ज़्यादा ऊर्जावान महसूस करने लगा।

"क्रिस, आपको धन्यवाद, मैं इन सिद्धांतों पर अमल करने की कोशिश कर रहा हूँ, ताकि मैं हर दिन 1 प्रतिशत सुधार कर सकूँ," उसने कहा। "लेकिन मैंने उस पहले परिवर्तन में नाकामी हासिल की, जिसे करने का मैंने वादा किया था। क्या यह एक समस्या है?"

"दरअसल, यह समस्या के बजाय एक अच्छा संकेत हो सकता है, केन। शोध से पता चलता है कि जो लोग बदलने में सफल हुए, वे शुरुआत में फिसले थे। अंतर यह है कि उन्होंने उस फिसलने को तबाही नहीं, बल्कि

ऐसी चीज़ के रूप में देखा, जिसने उनके समर्पण को मज़बूत किया। फिसलने को गिरने में न बदलने दें।"

फिसलने को गिरने में न बदलने दें।

पहले ही केन एक आदत को 1 प्रतिशत बदलने का लक्ष्य बना रहा था और यह योजना बना रहा था कि वह कल इसे कैसे शुरू करेगा।

6

किस तरह कुछ न करने से आपको ज़्यादा करने में मदद मिलती है

दो सप्ताह से केन ने अपने जीवन में एक कार्य करने का जो नया तरीक़ा चुना था, वह उससे चिपका हुआ था और उसे इसके बारे में अच्छा महसूस हुआ। ऐसा कई बार हुआ था, जब यह उसे कड़ी मेहनत जैसा लगा, लेकिन अब जब उसने ठान लिया था कि वह एक भी दिन नहीं चूकेगा, तो उसकी नई आदत ज़्यादा आरामदेह महसूस हो रही थी। वह जितना ज़्यादा आरामदेह और आत्मविश्वासी बना, उसके आस-पास के लोगों की प्रतिक्रिया भी उतनी ही ज़्यादा सकारात्मक होने लगी।

केन अपनी समय-सारणी में हर दिन कुछ मिनट अलग रख देता था, ताकि वह क्रिस के साथ अपने सत्र की कार्य-सूची को पढ़ ले। उसने पाया कि ख़ुद को इन लक्ष्यों की याद दिलाने से उसे अपनी नई आदत क़ायम रखने में मदद मिली थी। अब जब वह एक प्रतिशत वाले समूह के अंतिम सदस्य का इंतज़ार करते हुए एक बेंच पर बैठा, तो उसने वह सूची दोबारा पढ़ी।

जो करना है

1. 30 दिनों तक हर दिन अपनी आदत का अभ्यास करेंगे, तो यह स्वचालित बन जाएगी।
2. यही दूसरी आदतों के साथ भी करें, एक बार में एक।
3. जागरूक रहें कि विश्वास ही यह तय करते हैं कि आप घटनाओं की प्रतिक्रिया में कैसा महसूस और कार्य करते हैं :

उद्दीपक घटना (एक घटना या जीवन का तनाव)

↓

विश्वास (एक विचार, राय या प्रबल मान्यता)

↓

परिणाम (एक भावना या कार्य)

4. *अपने लक्ष्य हासिल करने के लिए अपने नकारात्मक विश्वासों को नए सिरे से ढालें।*
5. फिसलने को गिरने में न बदलने दें।

आख़िरी बिंदु पर वह मुस्कराया। इस बात से इंकार नहीं किया जा सकता था कि यह अच्छी सलाह थी - और अब तो और भी ज़्यादा लग रही थी, जब वह एक खड़े और ऊबड़-खाबड़ दिखने वाले पहाड़ के पेंदे में बैठा हुआ था। शायद जेफ़ को यह पहाड़ी लगेगी; आख़िर जेफ़ पूर्व ओलिंपिक ट्राइएथलीट थे, जो उस वक़्त अल्ट्रामैराथन का प्रशिक्षण ले रहे थे। पहाड़ की ओर देखते हुए उसने मन ही मन एक प्रतिशत समूह के सदस्यों के साथ हुए सत्रों को याद किया। इस पर केन रोमांचित महसूस करने लगा कि जल्द ही वह एक प्रतिशत के फ़ॉर्मूले की अंतिम कुंजी सीखेगा। वह जानता था कि इसमें जितने भी अतिरिक्त प्रयास की ज़रूरत हो, वह उसके लिए तैयार था।

•••●•••

जब जेफ़ आए, तो वे पार्किंग से नहीं आए, जैसी केन को उम्मीद थी। वे एक पहाड़ी पगडंडी से धीरे-धीरे दौड़ते हुए आए। उनके कंधों पर एक बैकपैक था। पसीना बह रहा था - लेकिन वे मुस्करा रहे थे। दोनों ने हाथ मिलाए और अपना परिचय दिया।

"टहलना कैसा रहेगा?" जेफ़ ने पूछा। "मुझे ठंडा होना होगा।"

"बेहतरीन," केन ने कहा और अपना बैकपैक कंधों पर टाँगकर पहाड़ी पगडंडी पर जेफ़ के साथ-साथ ऊपर चलने लगा। वे एक प्रतिशत फ़ॉर्मूले में

केन की प्रगति और जेफ़ की प्रशिक्षण योजना के बारे में बातें कर रहे थे।

जेफ़ ने कहा, “मैं यहाँ उतनी ज़्यादा बार नहीं आता हूँ, लेकिन यह प्रशिक्षण की मेरी प्रिय जगह है,” और केन समझ सकता था कि क्यों। पहाड़ खड़ा था और यहाँ शारीरिक रूप से मेहनत भरी बहुत अच्छी कसरत हो सकती थी। केन ने अपनी निगाह दृढ़ता से सामने जमाए रखी - चलते हुए, हमेशा ऊपर धकाते हुए - अब उसे पसीना आने लगा था। अब वह सचमुच लय में आ गया था। उसे इतना अच्छा लग रहा था कि वह जेफ़ की बराबरी पर चल रहा है। वह सोचने लगा कि शायद इसी चुनौती की वजह से जेफ़ उसे वहाँ लाए होंगे।

लेकिन एक निश्चित ऊँचाई पर पहुँचने के बाद जेफ़ रुक गए और केन से बोले, “क्या आपको समझ आ रहा है कि मैंने यहाँ मिलने का सुझाव क्यों दिया था?” और उनके दाईं ओर के नज़ारे की ओर संकेत किया। केन ने इस बात पर ग़ौर नहीं किया था कि वह पगडंडी उन्हें पहाड़ के दूसरी तरफ़ ले गई थी। अब उनके नीचे एक गहरी नीली झील थी, जो पेड़ों से घिरी थी। ऊपर एक बाज उड़ रहा था। “वाह,” केन ने कहा। वह हैरान दिख रहा था।

“मेरा अंदाज़ा है कि आप हमेशा व्यस्त रहने वाले इंसान हैं,” जेफ़ ने कहा।

“सही कहा, जेफ़,” केन बोला और जेफ़ को उसकी आवाज़ में गर्व की खनक सुनाई दी। “मेरे पास बहुत सी ज़िम्मेदारियाँ हैं, इसलिए फ़ुरसत से बैठना या आराम करना बर्बादी जैसा महसूस होता है।”

“मैं भी ऐसा ही था,” जेफ़ ने जवाब दिया, एक गहरी साँस ली और बड़े पक्षी को पास से निकलते देखा।

“ऐसे ही थे?” केन ने कहा। “लेकिन निश्चित रूप से आप तो सबसे व्यस्त इंसानों में से एक होंगे! आपको देखकर तो ऐसा लगता है कि आपको बहुत सा प्रशिक्षण लेना पड़ता है और आपका एक परिवार है और बॉब ने कहा था कि आप अपना कारोबार भी चलाते हैं।”

जेफ़ खुलकर मुस्कराया और केन को अहसास हुआ कि वे कितने शांत और केंद्रित दिख रहे थे। शायद उन्हें बहुत सी मदद मिली थी। या शायद वे उन लोगों में से एक थे, जो रात को केवल चार घंटे ही सोते हैं और जब

केन जैसे सामान्य इंसान सो रहे होते हैं, तब अपने काम निबटा लेते हैं...

"क्या मैं आपको एक कहानी बता सकता हूँ?" जेफ़ ने पूछा और अपना हाथ केन के कंधे पर रख दिया। तब केन ने जेफ़ की मुस्कान में कुछ और देखा - उस क़िस्म की समझ, जो सिर्फ़ अनुभव से मिलती है।

"बिलकुल, ज़रूर सुनाएँ," केन ने कहा और वे दोनों एक बार फिर पगडंडी पर चलने लगे।

जेफ़ ने केन को बताया, वे माध्यमिक स्कूल के समय से ही ओलिंपिक खिलाड़ी बनना चाहते थे। उन्होंने अविश्वसनीय समर्पण दिखाया और ऐसे त्याग किए, जिनके बारे में स्कूल के ज़्यादातर बच्चे तो सपने में भी नहीं सोच सकते थे। वे हर दिन प्रशिक्षण लेते थे और फिर सप्ताहांत पर उनके माता-पिता उनके छोटे कस्बे से घंटों कार चलाकर वहाँ ले जाते थे, जहाँ वे एक उत्कृष्ट कोच से प्रशिक्षण ले सकें। बाद में, उन्हें प्रतिस्पर्धा करने में सक्षम बनाने के लिए उनके माता-पिता ने अपने पूरे सप्ताहांत की आहुति दे दी। कॉलेज में जेफ़ ने कभी पार्टीबाज़ी नहीं की। उनके लिए तो बस प्रशिक्षण और प्रतिस्पर्धा का कठोर समर्पण था। 22 साल की उम्र में उन्होंने अपना सपना हासिल कर लिया : ओलिंपिक में प्रतिस्पर्धा करना। वे चौथे स्थान पर आए, जिससे वे अगले ओलिंपिक में विजेता मंच पर पहुँचने के लिए और भी ज़्यादा प्रेरित हुए।

"कुछ सेकंड की वजह से मैं एक मेडल से दूर रह गया। फ़र्क़ एक प्रतिशत का लगभग दसवाँ हिस्सा ही था। मैंने सोचा कि उस खाई को पाटने का एकमात्र तरीक़ा सीधे प्रशिक्षण शुरू कर देना था - पहले से भी ज़्यादा कठोर," जेफ़ ने कहा। "कई कोच थे, जिन्होंने मुझे बताया कि मुझे आराम के लिए ज़्यादा समय देना चाहिए, लेकिन मेरा विचार यह था कि यदि मैं प्रशिक्षण नहीं ले रहा हूँ, तो कोई दूसरा ले रहा है।"

केन उनकी बात का मतलब समझ गया। वह कभी ओलिंपिक खिलाड़ी नहीं बन पाएगा, लेकिन वह ख़ुद भी कई बार सोचता था कि अगर वह एक पल के लिए भी काम छोड़कर चैन से बैठा, तो दूसरे उससे आगे निकल जाएँगे।

"बहुत जल्दी, मैं यहाँ-वहाँ अपने समय से एक सेकंड के अंश बचा

रहा था," जेफ़ ने आगे कहा। "मैं उत्तेजित महसूस कर रहा था। निश्चित रूप से मेरे सारे जोड़ चीख़ रहे थे और मेरा एक घुटना तो सारे समय काफ़ी दुखता रहता था, लेकिन मैंने उसे नज़रअंदाज़ करना सीख लिया। जब तक कि मैं हवाई में आयरनमैन वर्ल्ड चैंपियनशिप्स में हिस्सा लेने के लिए नहीं गया।"

जेफ़ ने कहा, "ट्राइएथलॉन्स में आप किसी बड़ी दौड़ से लगभग एक महीने पहले अपने प्रशिक्षण को घटा देते हैं। मुझे इससे सख़्त नफ़रत थी, लेकिन मैंने इसके लिए ख़ुद को विवश किया। वैसे यह काफ़ी नहीं रहा। मुझे इस बात का अहसास नहीं हुआ था, लेकिन नुक़सान पहले ही हो चुका था।"

उन्होंने आगे कहा, "मैं ज़्यादातर रेस में सबसे आगे रहा, लेकिन अंतिम हिस्से में दौड़ते समय मेरा घुटना आख़िरकार जवाब दे गया। अचानक ऐसा लगा, जैसे वहाँ किसी ने चाकू घुसा दिया हो। मैंने जैसे-तैसे दौड़ तो पूरी कर ली, लेकिन मैं लाइन पार करने वाले सबसे आख़िरी धावकों में से रहा होऊँगा।"

"मेरे इतने सारे ऑपरेशन हुए कि मुझे उनकी गिनती ही याद नहीं है। मैंने पुनर्वास में घंटों गुज़ारे, ताकि उस तरह चल सकूँ, जिस तरह पहले चला करता था। मैं नीचे की ओर जाने वाले चक्र में फँस गया। यह सिर्फ़ शारीरिक चोट ही नहीं थी; यह एक मनोवैज्ञानिक हार भी थी। मुझे महसूस हो रहा था कि अगर मैं ओलिंपिक में नहीं जा पाया, तो मेरी पूरी ज़िंदगी ख़त्म हो जाएगी। मैंने जल्दी ही उम्मीद छोड़ दी और ख़ुद को ढीला छोड़ दिया। किसी भी तरह का व्यायाम करना छोड़ दिया। जो भी दिल चाहा, खाने लगा," जेफ़ ने कहा। उन्होंने इशारा किया कि उन्हें पहाड़ के उस तरफ़ खुदी कुछ सीढ़ियों से उतरना है और वे झील की तरफ़ उतरने लगे।"

जेफ़ ने आगे कहा, "मैंने ख़ुद को कोसा, क्योंकि मुझे चेतावनी दी गई थी कि मेरे शरीर को दोबारा स्वस्थ होने के लिए प्रशिक्षण सत्रों के बीच आराम की ज़रूरत थी। मैं ओलिंपिक का आदर्श वाक्य भूल गया था : *किटियस, आल्टियस, फ़ोर्टियस* - ज़्यादा तेज़, ज़्यादा ऊँचे, ज़्यादा शक्तिशाली। मैंने सबसे तेज़, सबसे ऊँचा, सबसे शक्तिशाली बनने की कोशिश की थी - और हर दिन, क़दम दर क़दम बेहतर बनने की मेहनत करने के बजाय मैं तुरंत ही ऐसा बनना चाहता था। मैं उन लोगों की तरह था, जिन्हें आप

चिल्लाते सुनते हैं कि मैं धैर्य चाहता हूँ! मैं इसे तुरंत चाहता हूँ!"

केन ने पूछा, "आप पटरी पर कैसे लौटे?"

जेफ़ ने जवाब दिया, "मेरे डैडी को चिंता हो रही थी कि अगर मैं बिस्तर से नहीं उठ पाया, तो मेरा क्या होगा। इसलिए वे मुझसे बातचीत करने के लिए अपने एक सहकर्मी को ले आए।"

उस आदमी ने जेफ़ को एक प्रतिशत के फ़ॉर्मूले से परिचित कराया। अंततः जेफ़ ने एक-एक करके ज़्यादा स्वस्थ आदतें डालीं, जिनमें आराम की अवधि तय करना शामिल था। उन्होंने दोबारा कॉलेज जाकर एक बिज़नेस डिग्री ली और ज़्यादा छोटी ट्राइएथलॉन्स प्रतिस्पर्धाओं के लिए प्रशिक्षण लेने लगे। इस तरह उन्होंने धीरे-धीरे ऊपर का रास्ता बनाया।

"मैं सचमुच कड़ी मेहनत करता था, लेकिन मैं अपने शरीर को स्वास्थ्य लाभ का समय भी देता था। धीरे-धीरे मैंने अपने प्रदर्शन को बेहतर होते देखा - ट्राइएथलॉन्स में, अध्ययन में, संबंधों में, कामकाज में, हर क्षेत्र में।"

केन और जेफ़ तलहटी तक पहुँच गए थे। अब झील ठीक सामने थी। उतरने के दबाव की वजह से केन के पैर की मांसपेशियाँ कँपकँपा रही थीं और जल रही थीं। दोनों ने अपनी-अपनी पानी की बोतलों से पानी पिया।

नज़दीक ही एक छोटा झरना था, जो एक धारा के ज़रिये झील में पानी पहुँचाता था। उन्हें पगडंडी पर कभी-कभार कोई पदयात्री या धावक मिला था, लेकिन फिर भी केन को यह उम्मीद नहीं थी कि वहाँ झरने में उसे लगभग छह लोग डूबे दिखेंगे; उनके चारों तरफ़ भाप उठ रही थी। अब वह समझ गया कि जेफ़ ने उससे क्यों कहा था कि वह तैरने वाले शॉर्ट्स पहने और एक तौलिया व बदलने के कपड़े लेकर आए। केन और जेफ़ चलकर वहाँ गए, दूसरे धावकों और पदयात्रियों का अभिवादन किया, अपना सामान कोने पर रखा और पानी में उतर गए - केन ख़ुश हुआ कि यह सुखद रूप से गर्म था।

जेफ़ ने कहा, "जब मैंने शौकिया ट्राइएथलॉन्स शुरू किए, तो मैं जानता था कि मुझे प्रशिक्षण और आराम के बीच पहले से ज़्यादा चतुर संतुलन बनाने की ज़रूरत थी, इसलिए मैं इसे सीखने के लिए ओलिंपिक प्रशिक्षण केंद्र गया। वहाँ के कोच ने मुझे बताया कि उनकी प्रशिक्षण दिनचर्या बस

यह जानने के बारे में है कि कब मेहनत की जाए और कब आराम किया जाए। वहाँ एक विशेष एथलीट रिकवरी सेंटर भी है। आप जानते हैं, कई खिलाड़ियों के लिए उस केंद्र के सबसे प्रिय हिस्सों में से एक क्या है? गर्म पानी वाला बाथ टब।"

"हुह, क्या पता क्यों है?" केन ने मुस्कराते हुए कहा। अब वह महसूस कर सकता था कि गर्म पानी में उसके पैर की मांसपेशियों का - और उसके दिमाग़ का भी - तनाव पिघल रहा था।

"खिलाड़ी लगभग हर दिन रिकवरी सेंटर जाते हैं। कुछ विधियाँ हॉट टब से ज़्यादा आधुनिक हैं, जैसे कंप्रेशन सूट्स," जेफ़ ने कहा। केन के चेहरे पर सवालिया भाव देखकर उन्होंने स्पष्ट किया, "दबाव डालने के लिए सूट के आस्तीनों और पैरों से हवा भरी जाती है। इससे किसी प्रशिक्षण सत्र के तुरंत बाद ख़ून का प्रवाह बना रहता है।"

"एक एक्वा मसाज बेड होता है, जो उच्च दाब वाली पानी की धाराओं को शरीर पर ऊपर-नीचे चलाता है," उन्होंने आगे कहा। "स्वास्थ्यवर्धक नाश्ते भी हैं, क्योंकि स्वास्थ्य लाभ सही पोषण पर निर्भर करता है। आपको प्रशिक्षण सत्र पूरा करने के 20 मिनट के भीतर अपने शरीर में इलेक्ट्रोलाइट्स और प्रोटीन की ज़रूरत होती है। एक ड्राई सॉना और एक स्टीम रूम है। मसाज थेरेपिस्ट्स, ध्यान, योगा क्लासेस।"

"सचमुच?" केन ने कहा। "यह तो किसी स्पा जैसा लगता है।" वह यह सोचे बिना नहीं रह पाया कि क्या आराम करना खेलों में ही नहीं, किसी भी चीज़ में उत्कृष्ट बनने का सबसे अच्छा तरीक़ा था।

"यह विलासिता जैसा लग सकता है केन, लेकिन सारा शोध दर्शाता है कि *शीर्ष 1 प्रतिशत लोग स्वास्थ्य लाभ के समय को हमेशा अपने दिन में स्थान देते हैं,"* जेफ़ ने जवाब दिया। "युसेन बोल्ट एक बेहतरीन मिसाल हैं। 2008 के ओलिंपिक्स में उन्होंने 100 मीटर की दौड़ 9.69 सेकंड में पूरी की और विश्व कीर्तिमान तोड़ दिया।"

"मैंने वह दौड़ देखी थी," केन ने कहा। "वे अविश्वसनीय थे।"

"सचमुच अविश्वसनीय बात यह है कि उसके तीन साल पहले वे 9.75 सेकंड के अवरोध को नहीं तोड़ पा रहे थे। उन्हें प्रगति का महत्त्वपूर्ण रहस्य

तब मिला, जब उनके प्रशिक्षकों को अहसास हुआ कि उन्हें स्वास्थ्य लाभ के लिए पर्याप्त समय नहीं मिल पा रहा था। बोल्ट चिंतित थे कि दिनचर्या में आराम की अवधि बढ़ाने से उनकी गति कम हो जाएगी, लेकिन हुआ उल्टा : उनका समय 0.6 प्रतिशत बेहतर हो गया," जेफ़ ने कहा। "इस सुधार ने - *जो 1 प्रतिशत से भी कम था* - उन्हें एक असाधारण धावक से संसार का सबसे तेज़ धावक बना दिया।"

"मैं देख सकता हूँ कि प्रशिक्षण के दर्द और थकान से भरा खिलाड़ी अपना सर्वश्रेष्ठ प्रदर्शन नहीं दे सकता, लेकिन क्या यह बात मुझे जैसे व्यक्ति पर भी लागू होती है?" केन ने कहा। "मेरा नज़रिया है : मैं जितने ज़्यादा घंटे काम में बिताता हूँ, मैं उतना ही ज़्यादा काम करता हूँ। बात ख़त्म।"

"दबाव में होने पर ज़्यादातर लोग आराम करना, व्यायाम करना और सही तरीक़े से खाना छोड़ देते हैं। वे कम सोते हैं और ज़्यादा लंबे घंटे काम करते हैं," जेफ़ ने कहा। "लेकिन यह बड़ी भारी ग़लती है। एक बात तो यह है कि जो लोग हर दिन 10 से 12 घंटे काम करते हैं, उन्हें हृदय रोग या हार्ट अटैक होने की आशंका उन लोगों से 56 प्रतिशत ज़्यादा होती है, जो 10 घंटे से कम काम करते हैं। दुखद बात यह है कि एक निश्चित बिंदु से परे, ज़्यादा समय तक काम करना दरअसल हानिकारक बन जाता है।"

"यह मेरे बॉस को बताने की कोशिश करें," केन ने एक शुष्क मुस्कान के साथ कहा।

"यह एक बेहतरीन विचार है, केन!" जेफ़ ने जवाब दिया। "जब मैंने देखा कि स्वास्थ्य लाभ को अपनी दिनचर्या में शामिल करने से मुझे जीवन के सभी पहलुओं में कितने लाभ मिल रहे हैं, तो मैंने शोध का अध्ययन किया।"

"मैंने सीखा कि शीर्ष 1 प्रतिशत लोगों को अलग करने वाली चीज़ यह है कि वे दिन भर एकाग्र प्रयास और नियोजित स्वास्थ्य लाभ की अवधियों का चक्र चलाते हैं। यह सब काम और आराम के सही संतुलन के बारे में है।"

केन ने पूछा, "यह संतुलन कैसा होता है?"

"किसी भी क्षेत्र में सर्वश्रेष्ठ व्यक्ति एकाग्रचित्त होकर एक समय में 90 मिनट से ज़्यादा काम नहीं करते हैं। ऐसे दो सत्रों के बीच में आराम के अवकाश होते हैं। वे दिन में छोटी झपकी लेते हैं, रात को कम से कम आठ

घंटे की अच्छी नींद लेते हैं और नियमित वैकेशन लेते हैं," जेफ़ ने कहा।

केन ने पल भर के लिए कल्पना की कि वह शारीरिक और मानसिक रूप से कैसा महसूस करेगा, अगर उसका जीवन एकाग्र प्रयास और नियोजित स्वास्थ्य लाभ की इस लय पर चले।

शीर्ष 1 प्रतिशत लोगों को अलग करने वाली चीज़ यह है कि वे दिन भर एकाग्र प्रयास और नियोजित स्वास्थ्य लाभ की अवधियों का चक्र चलाते हैं।

जेफ़ ने पूछा, "क्या बॉब ने आपको प्रतिभाशाली वायलिनवादकों के अध्ययन के बारे में बताया है?"

केन ने कहा, "निश्चित रूप से, जहाँ उन्होंने उन्हें तीन समूहों में विभाजित किया और यह पाया कि सफलता इस बात पर निर्भर करती थी कि वे कितने घंटे अभ्यास करते थे - शीर्ष स्तर पर पहुँचने के लिए कम से कम 10,000 घंटे।"

"देखिए, इस उदाहरण से आप देख सकते हैं कि काम और आराम के प्रति लयबद्ध नीति अपनाने से आपको 1 प्रतिशत लाभ कैसे मिल सकता है," जेफ़ ने कहा। "देखिए, उनकी सफलता इस बात पर भी निर्भर करती थी कि वे कितना आराम करते थे और कितनी बार करते थे। बेहतरीन प्रदर्शन करने वालों की एक दैनिक दिनचर्या थी, जिसमें वे एक बार में 90 मिनट तक अभ्यास करते थे, जिसके बीच में कोई व्यवधान नहीं होता था, लेकिन 90 मिनट के दो सत्रों के बीच में अंतराल ज़रूर रहता था। सबसे कम सफल समूह में वायलिन वादकों की तो अभ्यास और आराम की कोई दिनचर्या ही नहीं रहती थी।"

"ऊपर वाले दो समूहों के लोग रात में औसतन 8.6 घंटे सोए, जबकि सबसे नीचे वाले समूह के लोग औसतन 7.8 घंटे सोए। शीर्ष दो समूहों ने लगभग तीन घंटे प्रति सप्ताह झपकी ली, जबकि निचले समूह ने सप्ताह में एक घंटे से भी कम झपकी ली।"

"क्या आप मज़ाक़ कर रहे हैं?" केन ने कहा। "मैं तो यह मानता था कि बेहतरीन प्रदर्शन करने वाले वे चिड़चिड़े लोग होंगे, जिन्हें रात में सिर्फ़ तीन-चार घंटों की नींद की ज़रूरत होती है।"

"यह काफ़ी हद तक एक शहरी मिथक है, केन। एक निद्रा विशेषज्ञ ने कहा है कि जिन लोगों को पाँच घंटे से कम नींद की ज़रूरत होती है, उनका प्रतिशत लगभग शून्य है। दरअसल 95 प्रतिशत लोगों को सामान्य ढंग से काम करने के लिए कम से कम सात-आठ घंटे की नींद की ज़रूरत होती है। जो लोग सोचते हैं कि वे इससे कम में काम चला सकते हैं, उनमें से ज़्यादातर ख़ुद को धोखा दे रहे हैं," जेफ़ ने कहा। "वे शायद अगले दिन कैफ़ीन और शकर की ख़ुराक लेकर काम चलाने की कोशिश कर रहे हैं - लेकिन चाहे जो हो, अगर पर्याप्त नींद नहीं मिलती है, तो आपका प्रदर्शन गिर जाता है।"

"ओह। मुझे तो हर रात को अमूमन छह या साढ़े छह घंटे की नींद ही मिल पाती है," केन ने कहा।

"औसत यही है - लेकिन आप जिस 1 प्रतिशत सुधार के बारे में सुन रहे हैं, उसे हासिल करने के लिए बेहतर होगा कि आप महान लोगों का अनुसरण करें," जेफ़ ने कहा। "एक प्रतिशत समूह के बाक़ी सदस्य और मैं हर रात आठ घंटों की नींद का लक्ष्य बनाते हैं, क्योंकि हम उन उत्कृष्ट प्रदर्शकों जैसे बनना चाहते हैं; बेहतर प्रदर्शन के एक और दिन के लिए पूरी तरह तैयार।"

"नींद में ऐसा क्या है, जो प्रदर्शन को इतना ज़्यादा बेहतर बनाता है?"

"देखिए, जवाब में मैं एक सवाल पूछना चाहूँगा," जेफ़ ने कहा। "अगर आप सुधार के मार्ग पर बने रहना चाहते हैं, तो अभ्यास करना और सीखना अत्यंत महत्त्वपूर्ण है, है ना?"

"हाँ, एक प्रतिशत के फ़ॉर्मूले से तो मैं यही समझता हूँ," केन ने जवाब दिया।

"देखिए, नींद में आप अपनी स्मृतियों को व्यवस्थित और संगठित करते हैं, ताकि आप एक प्रतिशत वाले जो सुविचारित अभ्यास करते हैं, उसका उपयोग कर सकें। इसीलिए आपको रात को अच्छी नींद की आदत डालने की ज़रूरत होती है। आप अपनी रचनात्मकता, समस्याएँ सुलझाने और दीर्घकालीन दृष्टिकोण रखने की योग्यता में भी वृद्धि देखेंगे।"

"पर्याप्त नींद न हो, तो आप बुरी मनोदशा, अधीरता, एकाग्रता में

कमी और ग़लतियों में वृद्धि देखेंगे - ज़रा सोचें अस्पतालों में कितनी सारी दुर्घटनाएँ होती हैं, जब डॉक्टर और नर्स बहुत लंबी शिफ़्ट में काम करते हैं। तब आपको कम सजगता और प्रदर्शन में गिरावट दिखाई देती है," जेफ़ ने कहा।

केन ने अब कुछ चुनौतीपूर्ण स्थितियों को एक नई रोशनी में देखा, जिनका सामना उसने अपने कामकाज और घर पर किया था। शायद दो घंटे ज़्यादा नींद की बदौलत वह उनसे ज़्यादा अच्छी तरह निबट सकता था। उसने कहा, "जब मैं लगातार कुछ रातों को देर तक जागता हूँ, तो कई बार दिन पूरा करना भी एक समस्या लगती है।"

जेफ़ ने जवाब दिया, "ऐसा इसलिए है, क्योंकि आपके पास इस्तेमाल करने के लिए पर्याप्त शारीरिक और मानसिक संसाधन नहीं होते हैं, इसलिए आपको अपनी स्थिति बरक़रार रखने के लिए भी अंततः ज़्यादा कठोरता से काम करना होता है। आप निश्चित रूप से एकाग्र होने, सीखने और बेहतर बनने की स्थिति में नहीं होते हैं।"

केन ने कहा, "शायद ज़्यादा जल्दी सोने जाना वह अगली आदत होगी, जो मैं शुरू करूँगा, जब वह आदत पड़ जाएगी, जिस पर मैं अभी काम कर रहा हूँ।"

"बेहतरीन!" जेफ़ ने जवाब दिया। "उसके बाद आप यह नई दैनिक आदत डाल सकते हैं कि आप 90 मिनट के कामकाजी सत्र रखें और उनके बीच में अंतराल रखें, जिसमें से एक में आप लंच के बाद झपकी लें।"

"क्या पता, जेफ़। कई बार मैं रविवार दोपहर को झपकी लेता हूँ, लेकिन उसके बाद मैं आधे घंटे या इससे भी ज़्यादा देर तक हमेशा बहुत आलस महसूस करता हूँ," केन ने कहा। "मैं सप्ताह में किसी दूसरे दिन ऐसा नहीं रह सकता।"

"रहस्य झपकी को छोटा रखना है," जेफ़ ने जवाब दिया। "आप नींद की कई अवस्थाओं से गुज़रते हैं और वीकएंड की उन झपकियों में आप शायद इतनी देर तक सोए रहते हैं कि आप उन ज़्यादा गहरी अवस्थाओं में पहुँच जाते हैं, जिनसे जागने में ज़्यादा समय लगता है। लेकिन सप्ताह के दिनों में अगर आप 10 से 30 मिनट की झपकी लेते हैं, तो आप नींद की

ज़्यादा हल्की अवस्थाओं में ही रहेंगे और जागने पर तरोताज़ा महसूस करेंगे। जापान में हुए एक अध्ययन ने दर्शाया है कि लंच के बाद सिर्फ़ 15 मिनट की झपकी से लोग बाक़ी दिन ज़्यादा चौकस रहते हैं।"

"इससे बहुत मदद मिलेगी, क्योंकि आम तौर पर मैं दोपहर के बाद ढीला पड़ने लगता हूँ," केन ने कहा। "लेकिन अगर मैं ऑफ़िस में झपकी लूँगा, तो शायद कर्मचारी सोचने लगेंगे कि मैं आलसी हूँ, शायद बीमार भी।"

"मैं समझता हूँ, केन," जेफ़ ने कहा। "यही मैं लगभग हर कंपनी में सुनता हूँ, जहाँ भी मैं जाता हूँ। लेकिन जब वे झपकियों की आदत डाल लेते हैं और अपने प्रदर्शन को ऊँचा उठते देखते हैं, तो वे बहुत अलग महसूस करते हैं। अगर आप छोटी सशक्त झपकी लेने लगते हैं और दूसरे लोग देखते हैं कि इसकी वजह से आप शाम तक कितने तरोताज़ा रहते हैं, तो यह विचार बहुत जल्दी लोकप्रिय हो सकता है।"

"आप जिन कंपनियों के साथ काम करते हैं, उनमें लोग झपकी लेते कहाँ हैं?"

"विश्व की सर्वोच्च प्रदर्शन करने वाली कंपनियों में से कुछ ने स्वास्थ्य लाभ कक्ष बनवा रखे हैं, लेकिन मैंने कुछ सृजनात्मक हल भी देखे हैं," जेफ़ ने कहा। "एक एक्ज़ीक्यूटिव जब दबाव बढ़ता महसूस करता था, तो ख़ुद को 10 मिनट का 'एक्ज़ीक्यूटिव टाइम आउट' दे देता था। उसने अपने ऑफ़िस के एक पुराने स्टोरेज रूम में एक आराम कुर्सी रखकर उसे टाइम आउट स्थल बना लिया है।"

"अगर आपके केबिन में दरवाज़ा है, तो आप हर दोपहर एक निश्चित समय पर इसे बंद कर सकते हैं - इस पर 'डू नॉट डिस्टर्ब' की तख़्ती भी लटका सकते हैं - और फिर अपनी कुर्सी पर टिककर झपकी ले सकते हैं। अगर आपको अपने ऑफ़िस में सोने में उलझन होती है, तो अपनी डेस्क पर पीछे टिकने और बस अपनी आँखें बंद करने से भी मदद मिलती है। हाँ, इससे पहले अपने सहकर्मियों को यह बता दें कि आप कुछ मिनटों के लिए ऑफ़लाइन हो रहे हैं।"

"मेरा भतीजा तो अपने कॉलेज की लाइब्रेरी में भी झपकियाँ लेता है। वह पढ़ाई का बहुत ज़्यादा दबाव महसूस कर रहा था, इसलिए मैंने उसके

साथ मिलकर उसकी दिनचर्या बनाई : अब वह लगभग 90 मिनट तक पुस्तकें पढ़ता है, फिर 20 मिनट तक एक कम व्यस्त क्षेत्र में सोफ़े पर लगभग 20 मिनट की झपकी लेता है, फिर दोबारा पढ़ने लगता है। दूसरे लड़के पहले तो उस पर हँसे, लेकिन जब उन्होंने उसके ग्रेड सुधरते देखे, तो उनमें से कुछ यही करने लगे।"

"90 मिनट ही क्यों?" केन ने पूछा।

"इसका सारा संबंध आपके शरीर की प्राकृतिक लय से है, जो हर 90 मिनट में ज़्यादा ऊँची और कम जागरूकता के चक्र में चलती है," जेफ़ ने जवाब दिया। "हो सकता है आपने ग़ौर किया हो कि हर 90 मिनट बाद आप बेचैनी महसूस करने लगते हैं, एकाग्र होना ज़्यादा मुश्किल हो जाता है और आप ज़्यादा चिड़चिड़े होने लगते हैं।"

"मैं आम तौर पर ख़ुद को इसके पार जाने के लिए विवश करता हूँ या फिर कॉफ़ी या नाश्ता ले लेता हूँ," केन ने कहा।

"अगली बार, शायद आप अपने शरीर के भेजे संकेत समझकर 10 मिनट का अंतराल ले सकते हैं। आप हैरान हो सकते हैं कि जब आप अपने काम पर लौटते हैं, तो आपके प्रदर्शन में कितना ज़्यादा उछाल आता है। दरअसल, अंतराल की बात करें तो..." जेफ़ यह कहते-कहते खड़े हो गए, जब झरने के दूसरे सिरे के पदयात्रियों व धावकों का समूह खड़ा हो गया और बाहर निकलने लगा। केन ने भी ऐसा ही किया और देखा कि वे सभी झील की जेटी की ओर बढ़ रहे थे।

वे एक-एक करके अंदर कूदे; ज़्यादातर ऐसा करते समय चिल्लाए। जेफ़ भी अंदर कूदा और आख़िरकार केन।

उसे एक सेकंड बाद पता चला कि पानी ठंडा था - *सचमुच ठंडा*! उसने साँस खींची, जब वह सतह पर उठा और तैरने लगा।

केन के चेहरे पर सदमे भरे भाव को देखकर जेफ़ हँसने लगे। "क्या मैंने बताया था कि एथलीट रिकवरी सेंटर में ओलिंपिक खिलाड़ी गर्म टब से निकलकर सीधे ठंडे स्विमिंग पूल में जाते हैं? इससे रक्त प्रवाह बढ़ता है और सूजन व जलन कम होती है।" अब वे खुलकर हँस रहे थे और केन भी इस हँसी में शामिल हुए बिना नहीं रह पाया। जब उसका शरीर इसका

आदी हुआ, तो उसे अहसास हुआ कि यह परिवर्तन ताज़गी भरा था और इसकी वजह से उसमें ऊर्जा का सैलाब उठ रहा था।

"यदि आप ज़्यादातर लोगों जैसे हैं, तो ब्रेक या अंतराल लेने में आपको थोड़ा अपराधबोध होगा और आप सोचेंगे कि आप दिन में कम काम कर पाएँगे," जेफ़ ने कहा। जब केन ने हामी में सिर हिलाया, तो जेफ़ ने आगे कहा, "देखिए, यह ग़लत साबित हो चुका है। कई अलग-अलग शोधकर्ताओं ने लोगों के कुल ब्रेक टाइम या अंतराल समय को एक दिन में 20 से 35 मिनट तक बढ़ाया है। उनका निष्कर्ष था कि उन लोगों ने कम थकान महसूस की और उन्हें चोटें कम लगीं। यही नहीं, हालाँकि कामकाजी घंटे कम होने के बावजूद उनकी उत्पादकता ज़रा भी कम नहीं हुई।"

"आराम के अंतराल आपके दोबारा स्वास्थ्य लाभ में सक्षम बनाते हैं, जिससे आप थकते नहीं हैं, घिसते नहीं हैं और बीमार नहीं होते हैं। इसका मतलब है कि आप हर दिन अपने शीर्ष स्तर पर प्रदर्शन कर सकते हैं।"

"मैं देख सकता हूँ कि यह एक प्रतिशत के फ़ॉर्मूले के लिए अत्यंत महत्त्वपूर्ण है," केन ने कहा। "यदि आप थकान से चूर हैं, तो आप हर दिन बेहतर प्रदर्शन करने के लिए ख़ुद को समर्पित नहीं कर सकते।"

"सही कहा, केन। मैंने इसे मुश्किल तरीक़े से सीखा," जेफ़ ने कहा। "याद रखने वाली एक और अहम बात यह है कि आराम के अंतराल आपको ज़्यादा *चतुराई* से काम करने की क़ाबिलियत प्रदान करते हैं। क्या आपको कभी यह अनुभव हुआ है कि आप घंटों तक किसी जटिल समस्या पर काम कर रहे थे और आप इस पर जितना ज़्यादा काम करते रहे, वह कम के बजाय ज़्यादा जटिल नज़र आती गई?"

केन ने कहा, "ओह निश्चित रूप से, मैं कुंठित हो जाता हूँ। एक मानसिक अवरोध उत्पन्न हो जाता है।"

"ऐसा इसलिए है, क्योंकि ऐसे समय आपको अंतराल या ब्रेक लेने और किसी दूसरी चीज़ के बारे में सोचने की ज़रूरत होती है।"

"मैं जानता हूँ आपका क्या मतलब है," केन ने कहा। "मुझे याद है, एक बार जब मैं किसी चीज़ को समझने की कोशिश कर रहा था, तो

मैंने हार मान ली और लंच के लिए एक सैंडविच ख़रीदने चला गया। जब मैं उसे खाकर डेस्क पर वापस लौटा, तो समाधान मुझे वहीं अपने सामने दिख गया।"

"शोधकर्ता दूर जाने के समय को 'अंकुरण समय' कहते हैं। उन्होंने साबित कर दिया है कि यह किसी समस्या को सृजनात्मक तरीक़े से सुलझाने में आपकी मदद करता है," जेफ़ ने कहा। "इसलिए दिन में आराम के अंतरालों की दिनचर्या बनाना महत्त्वपूर्ण है - आदर्श स्थिति में, एक सुबह के बीच में, दूसरा दोपहर के बीच में।"

केन नीले आसमान को निहारते हुए पीठ के बल तैर रहा था।

"आराम के इन अंतरालों में करने के लिए सबसे अच्छी चीज़ क्या है, जेफ़?" उसने पूछा और एक बार फिर पेट के बल तैरने लगा।

"खिलाड़ियों के लिए, आम तौर पर स्वास्थ्य लाभ का मतलब होता है कोई निष्क्रिय चीज़ करना, जैसे बाथ टब में बैठना या मसाज कराना," जेफ़ ने कहा, "लेकिन जो व्यक्ति शारीरिक दृष्टि से मेहनत का काम नहीं करता है, उसके लिए ब्रेक या अंतराल के समय व्यायाम सबसे अच्छी चीज़ों में से एक है।"

"कैसे?"

"आपको निष्क्रिय चीज़ें करने की ज़रूरत तो होती है - ध्यान करना, संगीत सुनना, परिवार या मित्रों के साथ अच्छा भोजन करना - लेकिन शोधकर्ताओं ने दिखाया है कि अगर आपका काम शारीरिक के बजाय मानसिक मेहनत का है, तो बहुत ज़्यादा निष्क्रिय स्वास्थ्य लाभ से आप और ज़्यादा थकान महसूस करने लगेंगे। यह प्रदर्शित हो चुका है कि व्यायाम से आपको कम थकान महसूस होती है।"

"शायद आस-पास टहलना, लंच के समय जिम जाना, ऑफ़िस जाने से पहले तैरना - जो भी गतिविधि आपकी हृदय गति को बढ़ाती हो और आपकी मांसपेशियों तथा जोड़ों को सक्रिय करती हो। इसे सप्ताह में कम से कम तीन बार कम से कम 20 मिनट तक करेंगे, तो आपको लाभ दिखने लगेंगे।"

"मैं जानता हूँ कि जब मैं ज़्यादा फ़िट होता हूँ, तो मुझे ज़्यादा अच्छा महसूस होता है," केन सहमत हुआ।

जेफ़ ने घाट पर सीढ़ी की तरफ़ इशारा किया। केन तैरकर वहाँ तक गया और झील से बाहर निकल गया। जेफ़ भी पीछे-पीछे आ गए और बोले, "नियमित ऊर्जावान व्यायाम का प्रभाव दरअसल एंटीडिप्रेसेंट्स जितना ही होता है। व्यायाम रात को बेहतर नींद लाने में मदद करता है, तनाव कम करता है और यह आपके मस्तिष्क के ज़्यादा प्रभावी ढंग से काम करने में भी मदद करता है - वास्तव में, कार्डियोवैस्कुलर व्यायाम आपके शरीर को नई मस्तिष्क कोशिकाएँ उत्पन्न करने के लिए सक्रिय करता है। अगर आप नज़दीकी पार्क जैसी प्राकृतिक जगह पर व्यायाम कर सकें, तो लाभ और ज़्यादा मिलते हैं।"

"वह क्यों?"

"जब आप किसी व्यस्त सड़क पर चलते हैं, तो देखने के लिए बहुत कुछ होता है और आपका ध्यान भटकता रहता है - लेकिन प्रकृति के क़रीब रहने से आपके मस्तिष्क को आराम करने और ख़ुद को पहले जैसा बनाने का मौक़ा मिलता है। मिशिगन युनिवर्सिटी में विद्यार्थियों के एक समूह को एक पार्क में टहलने भेजा गया और दूसरे समूह को व्यस्त सड़क पर। बाद में उनकी जाँच की गई। जो लोग पार्क में टहले थे, उनका मूड बेहतर था, उनका ध्यान ज़्यादा तीक्ष्ण था और उनकी याददाश्त भी ज़्यादा अच्छी तरह काम कर रही थी।"

जब वे अपने बैकपैक तक पहुँचे और शाम की धूप में बदन सुखाने लगे, तो जेफ़ ने कहा, "आराम और स्वास्थ्य लाभ की पज़ल का एक आख़िरी टुकड़ा है, जिसे बहुत कम लोग अपने शेड्यूल में शामिल करते हैं। वैकेशन।"

पदयात्रा करना, तैरना, धूप सेंकना - इससे केन को कम उम्र की वे वैकेशन याद आ गईं, जो उसके पूरे साल को एक तरह की लय देती थीं और उसमें नई ऊर्जा का संचार कर देती थीं।

उसने जेफ़ को बताया, "हमेशा परिवार में इतना कुछ चलता रहता है कि ऐसा समय खोजना मुश्किल होता है, जब पूरा परिवार अच्छे समय के लिए बाहर जा सके।"

जेफ़ ने जवाब दिया, "सामान्य प्रवृत्ति के हिसाब से देखें, तो मैं शर्त लगाता हूँ कि अगर आप घूमने के लिए बाहर चले भी जाते हैं, तो ऑफ़िस

के ईमेल और टेक्स्ट मैसेज आपके दिमाग़ को उसी जगह पहुँचा देते हैं, जहाँ से आपको अवकाश लेने की ज़रूरत है। शीर्ष एक प्रतिशत लोग जानते हैं कि उन्हें अपने शेड्यूल में अच्छे वैकेशन को शामिल करने की ज़रूरत है, जब तक कि सचमुच आपातकालीन स्थिति ही न आ जाए।"

"हाल-फ़िलहाल मेरा काम एक महत्त्वपूर्ण मोड़ पर है और अगर मैं छुट्टी मनाने चला गया, तो चीज़ें फिसल सकती हैं," केन ने कहा। "मेरे लिए वैकेशन को तर्कसंगत साबित करना मुश्किल है, जब तक कि इसकी बदौलत मैं प्रदर्शन में उछाल न देख सकूँ।"

"मेरे पास एक बेहतरीन उदाहरण है, जो आपको विश्वास दिलाने में मदद कर सकता है," जेफ़ ने जवाब दिया। "अकाउंटिंग फ़र्म अर्न्स्ट एंड यंग ने पाया है कि किसी कर्मचारी का प्रदर्शन उतना ही बेहतर होता था, जितना वह वैकेशन पर जाता था। हर माह 10 घंटे के वैकेशन से उसका प्रदर्शन 8 प्रतिशत बेहतर होता था। कर्मचारी वैकेशन में जितना ज़्यादा समय बिताते थे, सुधार उतना ही ज़्यादा होता था।"

केन ने कहा, "मुझे लगता है कि मैं दरअसल प्रदर्शन में इतनी भारी सुधार करने का अवसर नहीं चूकना चाहूँगा।"

"सही कहा। आप जानते हैं, पहले मैं सोचता था कि अगर मैं प्रशिक्षण नहीं ले रहा हूँ, तो कोई दूसरा ले रहा है? देखिए, अब मुझे अहसास होता है कि यह उतना ही सच - और ज़्यादा महत्त्वपूर्ण - है कि अगर मैं अपनी बैटरियों को रिचार्ज नहीं कर रहा हूँ, तो कोई दूसरा निश्चित रूप से अपनी बैटरियाँ रिचार्ज कर रहा होगा। यदि मैंने ऐसा होने दिया, तो वे अगले दिन *अपना प्रदर्शन बेहतर कर रहे होंगे*, जबकि मैं अगले दिन बस *काम निबटा* रहा होऊँगा।"

अगर मैं अपनी बैटरियों को रिचार्ज नहीं कर रहा हूँ, तो कोई दूसरा निश्चित रूप से अपनी बैटरियाँ रिचार्ज कर रहा होगा।

"एक और चीज़ जो मैंने यह पाई है कि जब आप एक प्रतिशत के फ़ॉर्मूले में आगे जाते हैं, तो लीवरेज और 20/80 सिद्धांत की बदौलत आपको वह समय भी मिल जाएगा, जिसके बारे में आप जानते भी नहीं थे कि वह आपके पास है। उस समय में से कुछ का इस्तेमाल नियोजित स्वास्थ्य लाभ में करके आप लगातार तरोताज़ा हो सकते हैं और अपनी ऊर्जा को

रिचार्ज कर सकते हैं। इस तरह आप हर दिन सुधार कर सकते हैं, एक बार में 1 प्रतिशत," जेफ़ ने कहा। "हाल-फ़िलहाल यह कैसा रहेगा कि हम सीढ़ियों को छोड़कर पगडंडी से ही वापस चलें?"

केन ने पगडंडी की तरफ़ देखा, जहाँ ऊँचे सदाबहार पेड़ों की छाया थी।

"ऐसा लगता है, जैसे यह ठीक वैसा ही आराम और स्वास्थ्य लाभ है, जो मुझे कल एक उच्च-प्रदर्शन वाले दिन के लिए तैयार कर देगा," केन ने कहा और दोनों ही मुस्कराने लगे।

7

चक्र पूर्ण हुआ

एक प्रतिशत समूह के सदस्यों से सीखने के सत्र पूरे हो चुके थे। लेकिन केन को यह जानकर ख़ुशी हुई कि यात्रा का अंत यहीं नहीं हुआ। जेफ़ से मिलने के बाद पाँच सप्ताह में एक प्रतिशत के फ़ॉर्मूले के सिद्धांतों ने केन की ज़िंदगी के हर पहलू में जड़ें जमा ली थीं और उसकी समझ हर दिन बढ़ रही थी।

केन ने नियमित रूप से अपनी कार्य-सूची की जाँच करके देखा कि वह किन सिद्धांतों पर अमल करने का अच्छा काम कर रहा है। इस तरह वह ख़ुद को उन सिद्धांतों की याद भी दिलाता रहता था, जिन्हें उसे ज़्यादा निरंतरता से लागू करने की ज़रूरत थी। जेफ़ के साथ अपने सत्र के बाद बनाई सूची पढ़ने से उसे कुछ आदतों के परिवर्तन की याद आई, जिन्हें वह निकट भविष्य में क़दम दर क़दम लागू करने की योजना बना रहा था :

1. एकाग्र प्रयास और नियोजित स्वास्थ्य लाभ की अवधियों के साथ दैनिक समय-सारणी बनाएँ।
2. एकाग्रता से एक बार में 90 मिनट से ज़्यादा काम न करें और ऐसे दो सत्रों के बीच आराम के अंतराल रखें।
3. हर सप्ताह आराम के कम से कम तीन अंतरालों में 20 मिनट तक व्यायाम करें।
4. दिन में 10 से 30 मिनट तक झपकी लें।
5. रात को कम से कम 8 घंटे की नींद लें।
6. नियमित वैकेशन मनाएँ।

केन ने अपना नोटपैड बिस्तर के पास वाली टेबल पर रखा और

ड्राइविंग रेंज वाली रात के बाद पहली बार लाल बेसबॉल कैप पहनी। वह आईने के पास चलकर गया, कैप सीधी की और कॉलर ठीक की - फिर वह अपने प्रतिबिंब को देखकर मुस्कराया। जब वह लाल कैप पहनकर डिनर में जाएगा, तो कार्लोस निश्चित रूप से हैरान रह जाएँगे।

केन कार्लोस के घर पर आयोजित डिनर की राह देख रहा था, क्योंकि वहाँ वह एक बार फिर एक प्रतिशत समूह के सदस्यों से मिलेगा और पहली बार उन्हें एक साथ देखेगा। जब कोच जिम ने फ़ोन करके हाल-चाल पूछे और उसे इस मिलन समारोह में आमंत्रित किया, तो उसने ख़ुद को सम्मानित महसूस किया।

उसने अपनी चाबियाँ उठाईं और वह दरवाज़े से बाहर निकलने ही वाला था कि तभी उसने अपने प्रतिबिंब को दोबारा देखा और किसी चीज़ की वजह से वह ठिठक गया। कुछ अलग था।

वह ज़्यादा अच्छी तरह देखने के लिए और क़रीब पहुँचा। फिर वह मुस्कराया, जब उसे अहसास हुआ कि कोई चीज़ बदल गई *थी* और बेहतर बन गई थी। यह उसके बाल नहीं थे। यह उसके कपड़े नहीं थे। यह तो *वह* ख़ुद था।

•••●•••

जब केन पहुँचा, तो कार्लोस घर के बाहरी इलाक़े में उत्साह से जिरह कर रहे थे। एक-दूसरे को देखते ही वे दोनों लगातार हँसने लगे। "ओह!" समानता पर आश्चर्य व्यक्त करते हुए कार्लोस चिल्लाए। उन्होंने भी इस मौक़े पर अपनी लाल बेसबॉल कैप पहन रखी थी और उनके चेहरे के भाव से काफ़ी स्पष्ट था कि वे केन को हैरान करना चाहते थे।

"देखा, महान लोग एक जैसा सोचते हैं, ठीक है?" केन ने कहा।

कार्लोस टॉन्ग नीचे रखकर आगे आए और केन से हाथ मिलाया।

"स्वागत है, केन। आपसे मिलकर सचमुच अच्छा लगा। ख़ुशी है कि आप प्रक्रिया में जुटे रहे," उन्होंने कहा। फिर केन के कंधे पर हल्का सा मुक्का मारते हुए उन्होंने आगे जोड़ा, "मैं जानता था कि ऐसा ही होगा।"

एक प्रतिशत समूह के ज़्यादातर लोग बड़ी डिनर टेबल पर बैठे थे। कोच जिम उससे हाथ मिलाने के लिए खड़े हुए। बॉब भी खड़े होकर बोले, "केन, मैं जानता था कि आप यह यात्रा पूरी कर लेंगे।" क्रिस और पैट ने आकर केन को गले लगाया। उन दोनों ने टिप्पणी की कि केन बहुत अच्छा दिख रहा था।

उसने उन्हें धन्यवाद दिया, चारों ओर देखा और पूछा कि जेफ़ कहाँ है। ठीक उसी समय ट्राइएथलीट जेफ़ वहाँ आ गए - कार्लोस, बॉब, जिम, क्रिस और पैट ने तालियों, सीटियों और हर्षध्वनि के साथ उनका स्वागत किया। शोरगुल की आवाज़ों के बीच जिम ने केन को बताया कि अल्ट्रामैराथन के बाद वे लोग जेफ़ को पहली बार देख रहे थे, जिसके लिए वे इतने महीनों से प्रशिक्षण ले रहे थे - और जो उन्होंने पिछले सप्ताहांत पर जीत ली थी। केन ने हर्षध्वनि में अपनी आवाज़ भी जोड़ दी और एक बार फिर से सभी ने हाथ मिलाए तथा गले मिले।

अतिथि बैठ गए और जेफ़ से रेस के बारे में पूछने लगे, जबकि कार्लोस ने ग्रिल करने का काम पूरा किया और भोजन के बर्तन टेबल पर लाने लगे। जब जेफ़ ने अपनी जीत की कहानी पूरी की, तो इसके बाद बातचीत के बजाय खाने का दौर शुरू हो गया। "कार्लोस, आपने यह एक बार फिर कर दिया है," बॉब ने कहा। "ओह, यह तो लाजवाब है" कोच जिम ने कहा। पैट बस "वाहहहहह" ही कह पाई।

कार्लोस आदर्श डिनर मेज़बान थे और बार-बार उठकर देख रहे थे कि हर एक का पानी का गिलास पूरा भरा तो है। वे मेहमानों की ओर अतिरिक्त सलाद और ब्रेड रोल की प्लेट्स भी बढ़ाते जा रहे थे। धीरे-धीरे बातचीत एक बार फिर शुरू हो गई और केन मंत्रमुग्ध होकर सुनने लगा। ये असाधारण लोग एक दूसरे को ताज़ा जानकारी दे रहे थे कि उनके जीवन में इस वक़्त क्या चल रहा था। उन्होंने मज़ाक़ किया और एक दूसरे को छेड़ा, जब उन्होंने उन सफलताओं के बारे में बताया, जो उन्हें हाल में मिली थीं। उन्होंने अपनी वर्तमान तथा भावी गतिविधियों के बारे में बताया। जब किसी ने अपनी चुनौतियाँ बताईं, तो सभी ने अपने समर्थन का वादा किया। जब खाने की गति धीमी हो गई और पहले एक, फिर दूसरा, फिर तीसरा संतुष्टि की साँस लेने लगा तथा पसरने लगा, तो केन को अहसास हुआ कि

वही अकेला ऐसा था, जिसने अब तक अपने जीवन में हुई घटनाओं की जानकारी नहीं दी थी।

कार्लोस एक बार फिर से जाँच करने के लिए उठे कि अतिथियों को किसी चीज़ की कमी तो नहीं है, लेकिन सभी ने हाथ लहराकर उन्हें दोबारा बैठा दिया। उनमें से ज़्यादातर टेबल के दूसरे सिरे पर बैठे बॉब की ओर देख रहे थे, जिनके चेहरे का भाव बहुत गंभीर हो गया था। "देवियो और सज्जनो, मैं सोचता हूँ कि अब समय आ गया है।" अब सभी गंभीर दिख रहे थे - कार्लोस और केन को छोड़कर, जो हैरान थे।

तब बॉब और बाक़ी लोगों ने टेबल के नीचे हाथ डाला और हर एक ने एक लाल कैप निकाली। जब उन सभी ने अपनी कैप पहन ली, तो हर व्यक्ति हँसने लगा।

"मुझे आप लोगों पर यक़ीन नहीं हो रहा है!" कार्लोस ने कहा और यह बात सचमुच उनके दिल को छू गई थी। "मैं जानता हूँ कि आपमें से दो को हाल ही में कैप मिली है, जब आपने यह प्रक्रिया शुरू की थी" - उन्होंने सिर हिलाकर केन और जिम की ओर इशारा किया - "लेकिन आप बाक़ी लोग जो मुझसे पहले से यहाँ थे, आपने ख़ास तौर पर उनका इंतज़ाम किया होगा। आप सर्वश्रेष्ठ हैं।" सभी ने कार्लोस की बातों पर जयध्वनि की, हर एक ने उन्हें उनकी मित्रता के अलावा इस बात के लिए धन्यवाद दिया कि उन्होंने कितना बेहतरीन उत्सव आयोजित किया।

उसके बाद की ख़ामोशी में केन ने अपना गला साफ़ किया और बोला - वह अचानक अपनी उम्मीद से ज़्यादा भावनात्मक महसूस करने लगा - "मैं आपको ख़ास तौर पर धन्यवाद देना चाहता हूँ, कार्लोस। कोच जिम ने बिलकुल सही कहा था कि एक प्रतिशत के फ़ॉर्मूले के बारे में मुझे सिखाना शुरू करने के लिए आप बेहतरीन व्यक्ति हैं।"

"जिम, ज़ाहिर है यह आप ही थे, जिन्होंने पहली बार मेरी आँखें खोलीं और इसके लिए मैं हमेशा कृतज्ञ रहूँगा। असाधारण और *असाधारण रूप से* असाधारण के बीच सिर्फ़ 1 प्रतिशत का फ़र्क़ होता है, इस जानकारी ने मेरे लिए संभावनाओं के संसार का ताला खोल दिया। आपने मुझे दिखाया कि हालाँकि मैं कभी किसी ख़ास व्यक्ति की तरह ओलिंपिक खिलाड़ी नहीं बन पाऊँगा" - यहाँ उसने विशेष रूप से जेफ़ की ओर देखा और हर कोई दबी

हँसी हँसने लगा –“लेकिन यदि मैं बीते हुए कल के मुक़ाबले आज बेहतर करने का समर्पण करूँ, तो मेरे पास एक विजेता का हृदय रह सकता है। मैं बाक़ी लोगों से 100 प्रतिशत बेहतर तो नहीं बन सकता, लेकिन *मैं सौ चीज़ों में 1 प्रतिशत बेहतर ज़रूर बन सकता हूँ*। यह ताक़त वाली बात है,” केन ने कहा और चारों तरफ़ लोगों ने सिर हिलाकर सहमति जताई।

“वैसे जिम जब आपको फ़ुटबॉल कोच के रूप में अपने सीज़न की जानकारी दे रहे थे, तो उन्होंने काफ़ी विनम्रता दिखाई थी। मैं आपको यह बताना चाहूँगा कि उनकी फ़ुटबॉल टीम अब इतनी ज़्यादा बेहतर हो गई है कि अगले सप्ताह जैक और उसके साथी फ़ाइनल खेलने जा रहे हैं।” हर एक ने तालियाँ बजाईं। “इससे ज़्यादा महत्त्वपूर्ण बात, जैक और दूसरे लड़के एक प्रतिशत की मानसिकता सीख रहे हैं। वे जीवन के हर क्षेत्र में प्रदर्शन को निरंतर बेहतर करने वाली योग्यताएँ और नज़रिये सीख रहे हैं, चाहे वे किसी भी करियर मार्ग का अनुसरण करने का चुनाव करें।”

मैं सोचती हूँ कि यह उन सबसे बड़े तोहफ़ों में से एक है, जो आप किसी बच्चे को दे सकते हैं।

“मैं सोचती हूँ कि यह उन सबसे बड़े तोहफ़ों में से एक है, जो आप किसी बच्चे को दे सकते हैं,” क्रिस ने कहा और हर एक ने बुदबुदाकर जिम का अनुमोदन किया।

जब सभी का ध्यान एक बार फिर केन पर केंद्रित हो गया, तो उसने आगे कहा : “फिर मैं आपसे मिला, कार्लोस। मैंने सोचा था कि मेरा प्रदर्शन इसलिए बेहतर नहीं हो पा रहा था, क्योंकि मेरे पास प्रेरणा का अभाव था और मैं प्रेरित महसूस नहीं कर रहा था। आपकी बदौलत मैंने अचानक देखा कि प्रेरित होने का इकलौता तरीक़ा उठना और *कुछ करना है*।”

“मैं निष्क्रियता की वजह से अपनी जगह पर अटका हुआ था, लेकिन अगर मैं बस कार्य करना शुरू कर दूँ, तो मैं उस निष्क्रियता को तोड़ दूँगा। मैं गति बना लूँगा और गतिमान बना रहूँगा।”

“ज़ाहिर है, इस आख़िरी जानकारी का सारा श्रेय पैट को जाता है। मैं कभी भौतिकी में बेहतरीन नहीं रहा!” कार्लोस ने कहा।

“हाँ, आपको धन्यवाद, पैट,” केन ने उनकी तरफ़ सम्मानजनक ढंग

से सिर हिलाते हुए कहा। "हमें यह भी नहीं भूलना चाहिए कि कार्लोस ने मुझे दिखाया कि चूँकि कार्य एक प्रबल प्रेरक शक्ति है, इसलिए मुझे अपने लक्ष्यों के बारे में गहराई से सोचना चाहिए और अपने कार्यों को समझदारी से चुनना चाहिए, क्योंकि मैं किसी कार्य को जितना ज़्यादा करता हूँ, उसे करते रहने के लिए मैं उतना ही ज़्यादा प्रेरित रहूँगा।"

पैट बातचीत में शामिल हुईं : "जब भी मैं महसूस करती हूँ कि मैं उन कार्यों पर ध्यान केंद्रित कर रही हूँ, जो मुझे अपने लक्ष्य की ओर नहीं ले जाते, तो मैं अपने दिमाग़ में कार्लोस के शब्द सुनती हूँ : "*उन कार्यों को अच्छी तरह करने में कोई तुक नहीं है, जिन्हें आपको बिलकुल भी नहीं करना चाहिए*।"

"अच्छा कहा!" फिर केन एक पल के लिए ठहरा और एक नैपकिन पर कोई चीज़ लिखी। सभी उत्सुकता से इंतज़ार कर रहे थे। "जब कार्लोस ने मुझे अपना रेखाचित्र दिखाया" - उसने अपना प्रेरणा-कार्य रेखाचित्र ऊपर उठाया, ताकि हर कोई उसे देख ले - "तो मैंने सोचा कि मैं वह सब कुछ जान गया था, जो मुझे जानने की ज़रूरत थी।"

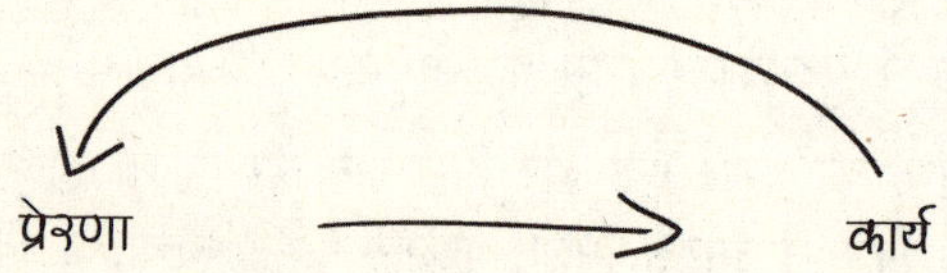

केन ने कहा, "फिर मैं पैट से मिला, जिन्होंने एक बिलकुल नया शक्तिशाली विचार दिया : लीवरेज। अब मैं हर दिन अपने कार्यों में छोटे परिवर्तनों पर ध्यान केंद्रित करता हूँ, जिनसे मेरे परिणामों में बड़े परिवर्तन उत्पन्न होंगे। मेरे प्रदर्शन में सुधार दिखने लगा है।" केन के बोलते समय कार्लोस ने उसे कुछ नैपकिन थमा दिए और केन ने दूसरा रेखाचित्र खींचकर उसे सबको दिखाया।

20/80 सिद्धांत

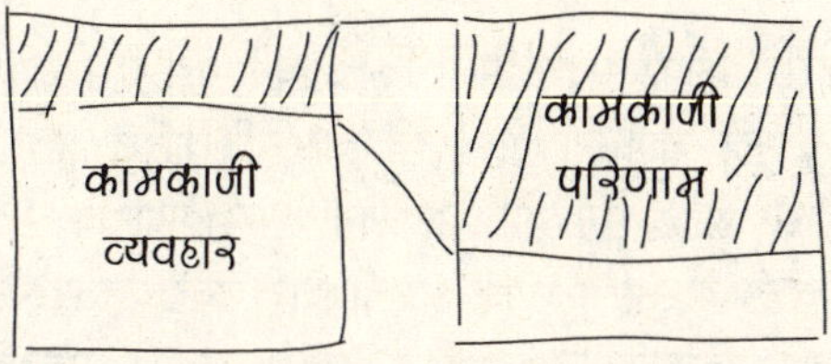

उसने सीधे पैट की ओर देखा और कहा, “मुझे अफ़सोस है, मैंने यह सोचा था कि आपने सिद्धांत का नाम ग़लत बताया। मुझे पता होना चाहिए था कि आप इसमें विशेषज्ञ होंगी!”

“ओह, तो उन्होंने आपकी भी टाँग खींची थी?” क्रिस ने कहा और पैट को हल्के से कोहनी मारी, जो उनके बग़ल में बैठी थीं। बॉब ने अपनी आँखें गोल-गोल घुमाईं। जिम ने एक पल के लिए बेसबॉल कैप का नक़ाब अपनी आँखों पर खींचा और सिर हिलाया।

“ठीक है, मुझे लगता है कि मैं नाम के परिवर्तन के बारे में शुरू में ही बता *सकती* थी,” पैट ने मुस्कराते हुए कहा, “लेकिन तब मज़ा कहाँ आता?”

“वाह, बढ़िया था,” केन ने कहा। वह उठकर खड़ा हुआ और टेबल पर झुक गया। फिर उसने तथा पैट ने एक दूसरे की हथेली पर ताली मारी।

केन ने ख़ुद को ज़्यादा गंभीर होता महसूस किया, जब उसने इस प्रक्रिया में अपनी अगली अवस्था के बारे में सोचा। उसने टेबल के सिरे की ओर देखकर कहा, “बॉब, आपके प्रति मेरी सबसे गहरी कृतज्ञता है - लेकिन यह सुनना मुश्किल था कि उत्कृष्टता का कोई शॉर्टकट नहीं है।”

उत्कृष्टता का कोई शॉर्टकट नहीं है।

टेबल पर चारों ओर देखते हुए केन इस नतीजे पर पहुँचा कि वह एकमात्र व्यक्ति नहीं था, जो यह पता चलने पर थोड़ा अभिभूत हो गया था कि किसी क्षेत्र में सचमुच असाधारण बनने के लिए 10,000 घंटों के सुविचारित अभ्यास की ज़रूरत होती है।

“ज़ाहिर है, सीखने वाला संदेश दरअसल यह है कि हममें से जो लोग अपने प्रदर्शन को लगातार बेहतर बनाना चाहते हैं और अपने काम में हर

दिन बेहतर बनना चाहते हैं, उन्हें सुविचारित अभ्यास में समय लगाने की ज़रूरत होती है।

"बॉब, इससे काफ़ी मदद मिली कि आपने मुझे ऐसे साधन प्रदान किए, जिनकी ज़रूरत मुझे रोज़मर्रा के कामों को सुविचारित अभ्यास के अवसर में बदलने के लिए थी : मैंने यह आकलन शुरू किया कि मैं कुछ कार्यों को कितनी अच्छी तरह करता हूँ और अगली बार उन्हें बेहतर कैसे बना सकता हूँ। मैं कुछ चतुर, विश्वसनीय लोगों को पहचानने की प्रक्रिया में हूँ, जिनसे मैं सृजनात्मक फ़ीडबैक माँग सकूँ।"

"आपने मुझे दिखाया कि सीखने और ख़ुद का विस्तार करने के लिए मुझे ऐसे लक्ष्य तय करने चाहिए, जो मुझे अपने आरामदेह दायरे के बाहर धकाएँ, बशर्ते कि मैं समर्थन के साथ उन्हें हासिल कर सकूँ। वास्तव में, आपने मुझे सोचने के लिए सचमुच प्रेरित कर दिया। मैं आशा करता हूँ कि आप इसे प्रशंसा के रूप में लेंगे : मैंने दरअसल एक रेखाचित्र बनाया है, जिससे मुझे विचार का चित्र देखने और याद रखने में मदद मिले। क्या आप इसे देखना पसंद करेंगे?"

"शर्त लगा लें," बॉब ने कहा और आगे की ओर झुके, जब केन ने एक और नैपकिन लिया तथा उस पर रेखाचित्र खींचा :

10 ↑ टूटने का बिंदु
9 टूटने का बिंदु
8 टूटने का बिंदु

7 ↑ अत्यधिक दबाव (समर्थन के साथ सँभाल सकता हूँ)
6 अत्यधिक दबाव (समर्थन के साथ सँभाल सकता हूँ)
5 अत्यधिक दबाव (समर्थन के साथ सँभाल सकता हूँ)

4 ↑ विस्तार
3 विस्तार
2 विस्तार
1 प्रारंभ

"यह बहुत बढ़िया है, केन!" बॉब ने कहा, जो उस रेखाचित्र से प्रभावित हुए थे। उन्हें गर्व था कि उनके शब्दों का केन पर इतना ज़्यादा प्रभाव पड़ा था। "यह एक मूल्यवान शिक्षण साधन होगा।"

एक प्रतिशत का समूह रेखाचित्र को एक-दूसरे की ओर बढ़ाने लगा, ताकि सभी इसे देख सकें।

कार्लोस ने कहा, "बेहतरीन!"

जिम बोले, "धन्यवाद, इससे विचार बहुत स्पष्टता से समझ आता है।"

केन ने आगे कहा, "क्रमिक तनाव के बारे में जानने पर मुझे अहसास हुआ कि जब मैंने अतीत में अपने लिए कोई लक्ष्य तय किया था, तो कई बार मैंने पूरी तरह से सोचा भी नहीं था कि इसे हासिल करने के लिए दरअसल किसकी ज़रूरत होगी। हो सकता है कि उस वक़्त मैं अपने आरामदेह दायरे में 1 के तनाव स्तर पर था, लेकिन मैं अचानक अपने लिए बहुत महत्त्वाकांक्षी लक्ष्य तय कर देता था, यह समझे बिना कि यह मुझे 5, 6 या 7 के तनाव स्तर पर पहुँचा देगा और इसे हासिल करने के लिए मुझे बाहरी समर्थन की आवश्यकता होगी। या इससे भी बुरी बात, मैं अपने लिए एक असाधारण ऊँचा लक्ष्य तय कर देता था, जो मुझे 8, 9 या 10 पर रख सकता था, जो लगभग असंभव था।"

"आपके टूटने का बिंदु," पैट ने कहा, जिन्हें अभी-अभी रेखाचित्र थमाया गया था।

"भले ही मेरे पास संसार का सारा समर्थन हो और मैं उस लक्ष्य को हासिल करने में पूरी जी-जान लगा दूँ, लेकिन उससे कोई फ़र्क़ नहीं पड़ता था; मैं उसे हासिल कर ही नहीं सकता था।" फिर केन नीचे देखते हुए बोला, "अंत में मुझे निराशा ही हाथ लगती थी। मैं पराजित और असफल महसूस करता था।"

"तो आप क्या करते थे?" जिम ने पूछा।

"मैं अपने लक्ष्य एक बार फिर से नीचे की तरफ़ तय करने लगता था, यानी कि 1 पर लौट आता था, जिसमें तनाव न हो। एक बार यह करने के बाद सब कुछ आसान हो जाता था।"

"अब जब मैं कोई लक्ष्य तय करता हूँ, तो मैं यह रेखाचित्र देखकर ख़ुद से पूछता हूँ कि लक्ष्य की दिशा में काम करते समय मैं किस तनाव स्तर पर रहूँगा। मैं या तो 2 और 4 के बीच के स्ट्रेच स्तर (विस्तार स्तर) का लक्ष्य बनाता हूँ, या अगर यह कोई ऐसी चीज़ है जिसके लिए मुझे किसी विश्वसनीय मित्र या कोच या सहकर्मी से सही समर्थन मिल सकता है, तो मैं 5 से 7 के बीच के *स्ट्रेन स्तर (अत्यधिक दबाव स्तर)* का लक्ष्य बनाता हूँ।

"मुझे यह भी अहसास हुआ कि लीडर के रूप में मुझे उन लक्ष्यों को देखने की ज़रूरत है, जो मेरे आस-पास के लोग तय करते हैं। मुझे यह सुनिश्चित करने की ज़रूरत है कि कहीं वे ख़ुद को पूर्ण असफलता के लिए तो तय नहीं कर रहे हैं और मैं उन्हें सीखने तथा विकास करने में सही मात्रा में समर्थन दे रहा हूँ। अब मैं जानता हूँ कि पहले मैं कई बार बहुत ऊँचे लक्ष्यों पर ज़ोर देता था, लेकिन उन लक्ष्यों तक पहुँचने के लिए उन्हें पर्याप्त समर्थन नहीं देता था।"

"लक्ष्य तय करने और समर्थन के प्रति आपके नए नज़रिये से आपको और आपके आस-पास के लोगों को परिणाम दिखेंगे; आप पराजित नहीं होंगे और तुरंत छोड़ देंगे," जेफ़ ने कहा। "अब केन, क्या मैं आपको इस बारे में कुछ बता सकता हूँ कि आपको किस प्रकार के समर्थन की तलाश करनी चाहिए?"

"अवश्य," केन ने कहा। "मैं दरअसल कुछ सलाह की उम्मीद कर रहा हूँ।"

"जब आप प्रदर्शन के एक नए स्तर पर पहुँचने के लिए अत्यधिक दबाव वाला कार्य करना चाहते हैं, तो दो तरह के समर्थनों पर विचार करने की ज़रूरत होती है," जेफ़ ने कहा। "पहले प्रकार का समर्थन उन बाधाओं को हटाने का काम करता है, जो आपको नए स्तर पर पहुँचने से रोक रही हैं। दूसरे प्रकार का समर्थन आपको ऊपर पहुँचाने के लिए सहायता या मार्गदर्शन देता है।"

"यह असल जीवन में कैसे काम करता है?" केन ने पूछा।

"एक उदाहरण देखें : मेरी एक मित्र तैराक है। वह ओलिंपिक ट्रेनिंग सेंटर में प्रशिक्षण लेती है और वह मुझे पूल की सुविधाएँ दिखाने ले गई।

सेंटर दोनों प्रकार का समर्थन प्रदान करता है।"

"ज़्यादातर लोग यह बात नहीं जानते हैं, लेकिन ओलिंपिक तैराक पूल में प्रशिक्षण लेते समय इधर से उधर इतना सारा पानी उछालते हैं कि सतह के ठीक नीचे की हवा पानी की छोटी-छोटी बूँदों से भर जाती है - धुंध की तरह। इतने सारे पानी का मतलब होता है कि साँस लेने के लिए ऑक्सीजन कम हो जाती है।"

"तो आपका मतलब है कि वे जितना कठोर प्रशिक्षण लेते हैं, उनके शरीर को शक्ति देने के लिए उतना ही कम ईंधन उपलब्ध रहता है?" केन ने पूछा।

"बिलकुल सही कहा," जेफ़ ने कहा। "कल्पना करें कि आप पहले से ही उस स्तर पर प्रशिक्षण ले रहे हैं, जो आपके अधिकतम प्रदर्शन स्तर जैसा महसूस होता है और फिर आपका कोच आपसे थोड़ा और बेहतर प्रदर्शन करने को कहता है - लेकिन आपके फेफड़ों के लिए पर्याप्त ऑक्सीजन के बिना।"

"इस समस्या को दूर करने के लिए वे पूल के ऊपर हवा बहाते हैं, ताकि पानी की छोटी-छोटी बूँदें बिखर जाएँ।"

"यह आश्चर्यजनक है," केन ने कहा। "मैं आपका मतलब समझ सकता हूँ : इस तरह का समर्थन किसी ऐसी चीज़ को हटाता है, जो आपको प्रदर्शन का ज़्यादा ऊँचा स्तर हासिल करने से रोक रही है।"

उन्होंने पूछा, "आप समझ गए। जब तैराक अगले स्तर पर जाने को तैयार होते हैं, तो सेंटर वाले एक और आश्चर्यजनक चीज़ करते हैं। आप जानते हैं कि किसी चीज़ को नए तरीक़े से करने की कोशिश कितनी अजीब महसूस हो सकती है?"

"निश्चित रूप से जानता हूँ," केन ने कहा और क्रिस की ओर देखकर मुस्कराया।

"ओलिंपिक खिलाड़ी भी ऐसा ही महसूस करते हैं। इसलिए कोच तैराक को मशीन से बाँध देता है, जो उसे पानी में उसके लक्ष्य से ज़्यादा तेज़ गति से खींचती है। इस तरह उसे प्रदर्शन के ज़्यादा ऊँचे स्तर के आदी होने का मौक़ा मिलता है।"

"अद्भुत!" केन ने कहा और कल्पना की कि ऐसे समर्थनकारी लोग, संगठन और साधन मिलने पर वह कितना कुछ हासिल कर सकता है, जो उसके लिए इसी तरह से काम कर सकें।

"समर्थन के इन दोनों प्रकारों के साथ, एक बार जब तैराक प्रदर्शन के नए स्तर को क़ायम कर लेती है, जो पहले अत्यधिक दबाव का स्तर हुआ करता था" - जेफ़ को केन का रेखाचित्र मिल गया था और इसमें उन्होंने 5 से 7 के दायरे की ओर इशारा किया - "तो अब वह उसका नया आरामदेह दायरा बन जाता है।"

"वह इस प्रक्रिया को एक बार फिर शुरू कर सकती है, अत्यधिक दबाव वाले स्तर के अगले लक्ष्य की ओर बढ़ सकती है - ज़ाहिर है, समर्थन के साथ," केन ने कहा।

"बिलकुल," बॉब ने कहा। "केन, मैं केवल यह कह सकता हूँ कि मुझे यह सुनकर ख़ुशी हुई कि आपने वे सारी चीज़ें शुरू कर दी हैं, जिनका आपने ज़िक्र किया। यह न भूलें कि लक्ष्य तय करना और उसे देखते रहना अहम है, लेकिन वहाँ तक पहुँचने का एकमात्र तरीक़ा एक बार में एक क़दम उठाना है। आगे की योजना बनाएँ, लेकिन *वर्तमान में अपना सर्वश्रेष्ठ करें*।"

"मुझे आपकी बात अच्छी तरह याद है," केन ने धन्यवाद देते हुए कहा। "देखिए, कोच जिम और क्रिस दोनों ही जानते हैं कि बीच में एक मुश्किल दौर आया था।" उसने उन दोनों की ओर देखा और उन्होंने समझ भरी मुस्कान दी। "क्रिस, मेरे दिमाग़ का ताला खोलने के लिए आपको धन्यवाद, जिससे मैं एक प्रतिशत के फ़ॉर्मूले के असीमित लाभ देख पाया।"

"आपने मुझे दिखाया कि लंबे समय में लाभ बढ़ते चले जाते हैं। यदि मैं बॉब के दिए साधनों का इस्तेमाल करूँ और सही योग्यताओं का सुविचारित अभ्यास करूँ, तो मेरा प्रदर्शन दरअसल बहुत तेज़ी से बेहतर होगा, क्योंकि मैं बेहतर को बेहतर बना रहा होऊँगा।"

"बिलकुल केन," क्रिस ने कहा।

"इससे मेरे लिए चीज़ें बदल गईं, जब मुझे पता चला कि परिवर्तन का असहज या मुश्किल महसूस होना स्वाभाविक था, भले ही परिवर्तन सकारात्मक हो।"

“आपने इस बारे में भी बताया कि हमारे कुछ पुराने विचारों और पुराने तरीक़ों को छोड़ना कितना महत्त्वपूर्ण होता है। यह अहसास भी चुनौतीपूर्ण हो सकता है कि आप किसी चीज़ को जकड़े हुए हैं और आपको उसे ढीला छोड़ने की ज़रूरत है। इसलिए इस विषय पर मैं कुछ और सुनने में सच्ची दिलचस्पी रखता हूँ। अगर आपमें से कोई इस बारे में कोई आपबीती बताना चाहते हों, तो कृपया बता दें।”

जेफ़ सबसे पहले बोले। “मेरी चोट और सारे ऑपरेशन्स तथा पुनर्वास कार्यक्रमों के बाद मुझे यह स्वीकार करने में काफ़ी समय लग गया कि मैं दोबारा ओलिंपिक के स्तर पर प्रतिस्पर्धा नहीं कर सकता।”

“जब मैंने ढीला छोड़ने की शक्ति के बारे में सीखा, तो मुझे अहसास हुआ कि अपने जीवन में आगे बढ़ने के लिए मुझे स्वयं के बारे में पुराने विचार, ओलिंपिक खिलाड़ी होने के विचार - को छोड़ने की ज़रूरत है। मुझे अहसास हुआ कि मेरा दुखड़ा बहुत लंबा खिंच गया था। इसलिए मैंने इस विचार को छोड़ दिया कि मेरी पूरी पहचान और अहमियत एक ख़ास क्षेत्र में मेरी उपलब्धियों पर निर्भर थी।”

“जब मैंने इसे छोड़ दिया, तो मेरे सामने मेरा पूरा भविष्य खुल गया। अब मैं इतना ख़ुश और सफल हूँ, जितना सपने में भी नहीं सोच सकता था, सिर्फ़ इसलिए क्योंकि मैं नई वास्तविकता को स्वीकार करने और अंगीकार करने में समर्थ था।”

“आप हम सभी के लिए प्रेरणा हैं,” पैट ने कहा। “मेरी भी एक कहानी है। जब मैंने पहलेपहल अपने घरेलू ऑफ़िस से काम शुरू किया, तो मैंने सोचा कि हर कोई मुझसे सुपरवुमैन बनने की उम्मीद करता था - जो निश्चित रूप से मैं ख़ुद से करती थी।”

“मैंने अपना सारा समय ख़ाली कर लिया था, जो पहले यात्रा और मीटिंगों में बीतता था। मैंने सोचा, अब मैं हर चीज़ आदर्श तरीक़े से करूँगी। मैं अपना शोध ज़्यादा मात्रा में करूँगी और ज़्यादा वैज्ञानिक शोधपत्र प्रकाशित कराऊँगी। मैं अपने इलाक़े की सबसे फ़िट महिला बनूँगी, मेरा घर आदर्श रहेगा, मैं सबसे अच्छी पत्नी बनूँगी और सबसे बढ़कर, आदर्श माँ रहूँगी।”

“जैसा आप सभी जानते हैं, इस चक्कर में मैं अत्यावश्यक कार्यों पर

ध्यान केंद्रित नहीं कर पाई और अपनी ऊर्जा हर तरफ़ बिखेरने लगी। मेरी बहन ने मुझे जो कामकाजी जूते दिए, उनकी बदौलत काम बना। लेकिन फिर भी मुझे सुपरवुमैन बनने की अपनी इस इच्छा को छोड़ना था। एक बार जब मैंने उस इच्छा को छोड़ दिया, तो मैं अपना ध्यान वहाँ केंद्रित कर पाई, जहाँ मुझे ज़रूरत थी, जब मुझे ज़रूरत थी। ज़ाहिर है, यह मुझे हमेशा बेहतर प्रदर्शन और सफलता की ओर ले गया।"

अब बॉब ने अपना गला साफ़ किया और केन की ओर मुड़कर बोले, "मुझे आपको बताना होगा कि जब मेरा पहला कारोबार असफल हुआ, तो मेरे पैरों तले ज़मीन खिसक गई। मैंने सोचा कि इसकी रक्षा करने का कोई तरीक़ा नहीं था। मैं ख़ुद को दिवालिया घोषित करने की कगार पर था।"

"फिर मुझे अहसास हुआ कि यह अपने कुछ विचारों और तौर-तरीक़ों को छोड़ने का समय था। मुझे हमेशा ख़ुद पर गर्व रहा था कि मैं अपने कर्ज़दारों को हमेशा 30 दिनों के भीतर भुगतान कर देता था। देखिए, मुझे उस गर्व को छोड़ना पड़ा।"

"एक बार जब मैंने गर्व को छोड़ दिया, तो मैं फ़ोन पर इन कर्ज़दारों को बताने के लिए स्वतंत्र हो गया कि कंपनी के सामने आर्थिक समस्याएँ हैं और मैं उनसे किस तरह निबटने की योजना बना रहा हूँ। आप जानते हैं, इस वजह से उनमें से किसी ने भी मुझे कमतर नहीं माना - वास्तव में उन्होंने मेरी ईमानदारी की सराहना की और भुगतान की नई शर्तों को ख़ुशी-ख़ुशी मान लिया।"

"आपको धन्यवाद, यह काफ़ी मायने रखता है कि आपने अपनी कहानियाँ बताईं," केन बोला। फिर वह क्रिस की ओर मुड़कर आगे कहता रहा : "मैं जो करता हूँ, आपने मुझे उसे बदलने की बुद्धिमानी दिखाई और आपने बताया कि मैं उस परिवर्तन से 30 दिनों तक हर दिन चिपका रहूँ, ताकि यह स्वचालित बन जाए। मैं यह एक बार पहले ही कर चुका हूँ और अब मैं अगला परिवर्तन कर रहा हूँ। इसके लिए मैं आपको धन्यवाद देता हूँ, क्रिस। अगर मेरी पत्नी और बच्चे यहाँ होते, तो वे भी आपको धन्यवाद देते। ऑफ़िस में मेरे साथ काम करने वाले लोग तथा मेरे मित्र भी - दरअसल, हर व्यक्ति आपको धन्यवाद देता, जिसके भी संपर्क में मैं हर दिन आता हूँ।"

"मेरे प्रदर्शन में उछाल यह सीखने के बाद आया कि मेरे विश्वासों - मेरे विचारों - में यह शक्ति है कि वे लक्ष्य हासिल करने में मेरी मदद करें। मेरे जो विश्वास मददगार नहीं हैं, उन्हें मैं बदल सकता हूँ। इसके अलावा, मैं अपनी कल्पना का उपयोग करके लक्ष्य हासिल करने का मानसिक चित्र बना सकता हूँ।"

केन ठहरा और जेफ़ की ओर मुड़ा। "जेफ़, आपको धन्यवाद, क्योंकि आपने मुझे पज़ल का आख़िरी टुकड़ा दिया। अब मैं समझ गया हूँ कि मुझे हर दिन बेहतर बनने के लिए जिस ऊर्जा और संसाधनों की आवश्यकता हैं, उनके लिए मुझे एकाग्र प्रयास और सुनियोजित स्वास्थ्य लाभ की अवधियों का चक्र बनाने की ज़रूरत है।"

केन ने कहा, "आप जानते हैं, मैंने आपसे कैसे कहा था कि हर रात आठ घंटे सोना मेरी अगली नई आदत हो सकती है? देखिए, यही वह आदत है, जिस पर मैं इस वक़्त काम कर रहा हूँ।" जब जेफ़ ने क़दम उठाने के लिए उसकी प्रशंसा की, तो केन थोड़ा असहज महसूस करने लगा। "धन्यवाद जेफ़, लेकिन मैं नहीं चाहता, आप यह सोचें कि मैंने सब कुछ पूरी तरह कर लिया है," उसने कहा। "मैं वहाँ तक नहीं पहुँचा हूँ।"

"अभी तक," जेफ़ ने कहा।

"दरअसल, हममें से कोई भी अभी तक वहाँ नहीं पहुँच पाया है, केन" क्रिस ने कहा। "इससे जागने पर हर सुबह जीवन रोचक बनता है। क्या आपको ऐसा नहीं लगता?"

केन हैरान था। "निश्चित रूप से मैं ही अकेला होऊँगा, जो अब भी इस नई स्थिति से तालमेल बैठा रहा हूँ। आप सभी इतने..." उसने टेबल के चारों ओर के चेहरे देखते हुए सही शब्द की तलाश की। "आप सभी इतने असाधारण हैं।"

"वास्तविकता की जाँच करने का समय है!" जेफ़ ने कहा। "देखिए, मैंने आपको बताया था कि मेरे पिताजी अपने एक सहकर्मी को मुझसे मिलाने लाए थे, जिन्होंने मुझे समझाया कि कामकाज और स्वास्थ्य लाभ में संतुलन स्थापित कैसे किया जाए?"

"निश्चित रूप से," केन ने कहा।

"वे सहकर्मी और कोई नहीं, बल्कि बॉब ही थे।"

"बॉब?" केन ने कहा और अपनी आवाज़ में अविश्वास को नहीं छिपा पाया। वह बॉब का संबंध सुविचारित अभ्यास, समर्पण, एकाग्रता से जोड़ता था - आराम के अंतरालों से नहीं।

बॉब हँसे और बोले, "आपके ख़याल से मैं स्वास्थ्य लाभ में एक तरह का विशेषज्ञ क्यों बना? क्योंकि मैंने काम और चिंता के मारे ख़ुद को लगभग मार ही डाला था!"

कार्लोस ने कहा, "मुझे सचमुच ख़ुद को आराम के अंतरालों की याद दिलानी पड़ती है।"

"ओह हाँ, मैंने आपका कैलेंडर देखा है," केन को याद आया।

"उनका कैलेंडर? *अब* ज़रा उन्हें देखो!" आराम फ़र्मा रहे जेफ़ ने कहा। कार्लोस उठकर खड़े हो गए थे और ख़ाली प्लेट उठाने के लिए टेबल के चारों ओर घूम रहे थे - बिजली की गति से।

"देखिए, मुझे इस बारे में सावधान रहना होता है कि मैं ग़लत कार्यों पर ध्यान केंद्रित न करूँ और महत्त्वपूर्ण कार्यों को सुबह के दो बजे तक न छोड़ दूँ। यह मेरी आदत नहीं बन पाई है," पैट ने कहा। "*अभी तक*।"

"मुझमें असहायक विश्वासों को बदलने और अपने लक्ष्य हासिल करने के मानसिक चित्र देखने की आदत नहीं पड़ी है... *अभी तक*!" कोच जिम ने कहा और वे सभी इस पर दबी हँसी हँसने लगे।

क्रिस ने कहा, "केन, एक प्रतिशत का फ़ॉर्मूला अचानक पूर्णता हासिल करने के बारे में नहीं है - जो सौभाग्य की बात है, क्योंकि पूर्णता हासिल करना संभव ही नहीं है। एक प्रतिशत का फ़ॉर्मूला हर दिन कल से थोड़ा बेहतर बनने की कोशिश करने के बारे में है।"

"इसे हासिल किया जा सकता *है*," केन ने कहा। वह ठहरा, फिर बोला, "ठीक है, मैं जानता हूँ मैंने अभी-अभी कहा था कि इन सिद्धांतों पर लगातार अमल करना एक चुनौती है - लेकिन मेरे जीवन के कुछ क्षेत्रों में ये सिद्धांत इतनी अच्छी तरह काम कर रहे हैं कि मुझे 1 प्रतिशत से *ज़्यादा* सुधार मिल रहा है। क्या यह ठीक है?"

हर कोई हँसने लगा। "ज़ाहिर है, आपको कुछ चीज़ों में 1 प्रतिशत से ज़्यादा सुधार मिल रहा है और यह बहुत अच्छी बात है," कोच जिम ने उसे आश्वस्त किया। "दरअसल, यह बेहतरीन है! लगभग हर व्यक्ति को सुधार के कम से कम कुछ क्षेत्रों में कार्य करने पर 1 प्रतिशत से ज़्यादा सुधार मिलता है।"

इसके बाद बातचीत की बागडोर बॉब ने सँभाल ली : "हम 1 प्रतिशत पर इसलिए ज़ोर देते हैं, क्योंकि यह लगभग असंभव है कि कोई 1 प्रतिशत सुधार की कोशिश से इंकार कर दे, और इसलिए भी क्योंकि हम जानते हैं कि अगर आप इन सिद्धांतों पर अमल करते हैं, तो आपको कम से कम 1 प्रतिशत सुधार की गारंटी मिल जाती है। आपको इससे ज़्यादा सुधार दिख सकता है - वास्तव में, ज़्यादातर लोगों को ज़्यादा सुधार ही दिखता है। एक सेल्स प्रतिनिधि था, जिसने अपने सेल्स वॉल्यूम को महीने में कम से कम 1 प्रतिशत सुधारने का लक्ष्य तय किया। इसके बाद उसे नियमित रूप से इसमें हर महीने 2-3 प्रतिशत सुधार मिलने लगा।"

"आप जो विशाल लक्ष्य देखते हैं, वे भी आम तौर पर या तो सैकड़ों 1 प्रतिशत सुधारों का परिणाम होते हैं या फिर कार्य में ऐसे परिवर्तन होते हैं, जिन्होंने लीवरेज की वजह से ज़्यादा बड़ा परिणाम उत्पन्न कर दिया।"

"यह सब सापेक्ष है," क्रिस ने कहा। "यह उस समय सीमा पर निर्भर करता है, जिसका आप इस्तेमाल कर रहे हैं। सुधार की दर बहुत अलग दिख सकती है, जो इस बात पर निर्भर करती है कि आप इसे एक दिन के संदर्भ में देखते हैं या एक महीने या एक साल में।"

"यह इस पर भी निर्भर करता है कि आप अपने किसी *कार्य* में - जिस तरह से आप कोई चीज़ करते हैं - सुधार का मूल्यांकन कर रहे हैं या उस कार्य के *परिणामों* का मूल्यांकन कर रहे हैं।"

"आप आम तौर पर तुलनात्मक रूप से बहुत कम समय में *कार्य में परिवर्तन* कर सकते हैं। अगर आप ज़्यादातर लोगों जैसे हैं, तो आप कोई चीज़ जिस तरह से करते हैं, सिर्फ़ एक दिन में ही आप उसमें कम से कम 1 प्रतिशत सुधार कर सकते हैं।"

"लेकिन *परिणामों में परिवर्तन* देखने के लिए आपको थोड़ा ज़्यादा

इंतज़ार करना पड़ सकता है। यह एक सप्ताह, एक महीना, एक तिमाही या एक साल भी हो सकता है।”

केन ने कहा, “यह तो वैसा ही है, जब आपने पत्रिकाओं के साथ अपनी आदत बदली थी, जिनका आपकी डेस्क पर ढेर लग रहा था। आपने अपने कार्य बदल लिए और हर दिन नया जर्नल पढ़ने लगीं और पुराने ढेर में से एक जर्नल भी पढ़ने लगीं। तुरंत ही आपके कार्य में कम से कम 1 प्रतिशत का सुधार हो गया। लेकिन आपको जो लक्ष्य यानी अंतिम परिणाम चाहिए था - एक साफ़-सुथरी डेस्क, जो साफ़-सुथरी ही बनी रहे - उसे हासिल करने में आपको दो महीने लग गए।”

“सही कहा, केन,” क्रिस ने कहा। “अहम बात यह है कि शुरुआत में आप बैठते हैं और उस सुधार के बारे में सोचते हैं, जो आप अपने किसी कार्य में करना चाहते हैं और वह सुधार जो आप उस कार्य के परिणामों में देखना चाहते हैं। फिर आपको यह निर्णय लेने की ज़रूरत होती है कि क्या आप उन सुधारों को एक दिन में, एक सप्ताह में, एक महीने में, एक तिमाही में या एक साल में हासिल करने जा रहे हैं।”

केन ने टेबल पर चारों ओर देखा और कहा, “आपने जो सिद्धांत बताए हैं, उसमें मुझे बहुत समझदारी नज़र आती है। वास्तव में, वे इतने सरल और सीधे हैं कि मैं बस यह जाँच करना चाहता हूँ : कहीं मुझसे कोई चीज़ छूट तो नहीं रही है?”

“केन, आपने आज यहाँ जो कहा है, उससे मैं जान गया हूँ कि अब आपके पास वे सारे साधन हैं, जिनकी ज़रूरत आपको उत्कृष्टता का जीवन जीने के लिए है,” बॉब ने कहा। “आप देखने लगे हैं कि इन सिद्धांतों पर चलकर आप कम से कम 1 प्रतिशत - और अक्सर इससे ज़्यादा - सुधार कर सकते हैं। इसलिए मैं जानता हूँ कि यह आपके लिए लुभाने वाला होगा कि आप सारी चीज़ों को एक साथ सुधारने की कोशिश करें।”

“अपने जीवन के सभी हिस्सों में एक साथ बेहतर बनने की कोशिश न करें। सबसे पहले एक क्षेत्र में सिर्फ़ 1 प्रतिशत बेहतर बनने के लिए काम करें और उसे पुख़्ता कर लें। फिर किसी दूसरे पहलू पर काम करें। जल्द ही आप 1 प्रतिशत बेहतर बनने पर काम नहीं कर रहे होंगे; आप तो ऐसे ही बन जाएँगे। *करें और फिर बनें*।”

"मैं यह नहीं कह रहा हूँ कि यह हमेशा आसान होगा। आपके सामने चुनौतियाँ आएँगी। वे जीवन और प्रक्रिया का स्वाभाविक हिस्सा हैं। जैसा क्रिस ने हमें बताया है, हममें आरामदेह दायरे की ओर लौटने की प्रवृत्ति होती है - भले ही जो आरामदेह है, वह हमारे लिए सर्वश्रेष्ठ न हो।"

"आप उस रास्ते पर चलने के लिए भी ललचा सकते हैं, जिस पर आपके आस-पास के लोग चल रहे हैं। भीड़ के बजाय अपने ख़ुद के मार्ग का अनुसरण करना हमेशा आसान नहीं होता। लेकिन मेरा यक़ीन मानें केन, इस मार्ग पर चलने के लाभ असाधारण हैं और असीमित भी। उस सुधार और संतुष्टि की कोई सीमा नहीं है जिसे आप अपने जीवन में ला सकते हैं - और अपने आस-पास के लोगों के जीवन में भी, क्योंकि हमें यह नहीं भूलना चाहिए कि हर चीज़ का एक लहर प्रभाव होता है।"

केन ने टेबल पर सभी के चेहरे देखे और फिर सलामी के अंदाज़ में अपनी कैप उठाई। उसने कहा, "मैं आप सभी एक प्रतिशत वाले लोगों के प्रति बहुत कृतज्ञ हूँ।"

कार्लोस ने मुस्कराते हुए कहा, "*आप सभी* एक प्रतिशत वाले लोगों से आपका क्या मतलब है?"

"हाँ, केन, मैं सोचता हूँ, आपका मतलब था *हम सभी,*" कोच जिम ने कहा।

टेबल पर बैठे सभी लोगों के चेहरों पर मुस्कान थी और अब उन सभी ने अपनी कैप उठाकर उसे भी सलाम किया।

•••●•••

साल में दो-तीन बार केन और उसके कुछ बहुत पुराने मित्र मिलते थे, ताकि एक-दूसरे के जीवन के बारे में जान सकें और आराम कर सकें। इस रात वे टी.वी. पर एक फुटबॉल मैच देखने के लिए डेविड के घर गए थे।

जब वे पिछली बार एक-दूसरे से मिले थे, तब से जीवन डेव के लिए आसान नहीं रहा था। उसका विवाह टूट गया था और अब उसके पास सुरक्षित नौकरी नहीं थी, बल्कि वह अनुबंध के पदों पर काम कर रहा था।

दूसरे लोगों ने डेव को बताया कि यह कितना बेहतरीन था कि ऐसे हाल में भी सकारात्मक और आशावादी नज़रिया रख रहा था।

लेकिन केन को लगा कि आशावाद के नीचे वह अपने मित्र में कुछ और देख सकता था। उसकी आँखों के भाव देखकर केन को अहसास हुआ कि डेव एक महत्त्वपूर्ण मोड़ पर था, परिस्थितियों से असंतुष्ट था और किसी नए रास्ते की तलाश कर रहा था।

मैच ख़त्म होने पर बाक़ी लोग चले गए। केन वहीं रुका रहा। जब उनके मित्रों की कारों की आवाज़ें ख़त्म हो गईं, तो डेव ने कहा, "केन, तुम्हारा जीवन इस समय बेहतरीन नज़र आता है, इसीलिए तुम इतने अच्छे दिख रहे हो।"

"धन्यवाद डेव, मैं सचमुच अच्छा महसूस *करता* हूँ," केन ने कहा।

"लेकिन ऐसा तो है नहीं कि हर चीज़ अपने आप तुम्हारे चाहे अनुसार हो रही है, है ना? तुम्हारे बारे में कुछ तो अलग है। मेहरबानी करके मुझे ग़लत मत समझना। तुम अब भी पुराने तुम हो, मेरे कॉलेज के दोस्त केन - लेकिन तुम पहले से ज़्यादा आत्मविश्वासी, ज़्यादा सकारात्मक, ज़्यादा मानसिक रूप से स्थिर हो। ऐसा क्या हुआ, जिससे यह चमत्कार हो गया?"

"मैं वाक़ई ख़ुश हूँ कि तुमने यह बात पूछी, डेव," केन ने कहा। "मैं एक यात्रा पर हूँ। मैं कुछ बहुत असाधारण लोगों से मिला हूँ और मैंने अपना जीवन जीने के कुछ सचमुच प्रभावी तरीक़े सीखे हैं, जिनसे मैं हर दिन बेहतर और बेहतर प्रदर्शन कर सकता हूँ। परिणाम अविश्वसनीय रहे हैं।"

डेव अब सामने वाले सोफ़े पर आगे की ओर झुका था और केन ने उसके चेहरे पर वैसी ही चमक देखी, जो कोच जिम ने शायद उसकी आँखों में उसके बेटे के फ़ुटबॉल मैच वाले दिन देखी थी।

"कॉफ़ी मिलेगी?" केन ने पूछा। "मुझे लगता है कि तुम ज़्यादा सुनने के लिए तैयार हो, और मैं सोचता हूँ कि मैं जो कहने वाला हूँ, उसमें तुम्हारी रुचि होगी।"

लेखक के बारे में

जब मैरियट, फ़ेडेक्स और नीमेन मार्कस जैसी कंपनियाँ अपने प्रदर्शन को एक नए स्तर पर पहुँचाना चाहती हैं, तो वे एक ही व्यक्ति की ओर मुड़ती हैं - टॉम कॉनेलन। इसके पीछे पुख़्ता कारण भी हैं। वे ईमानदार और यथार्थवादी हैं। हर साल वे दर्जनों मीटिंग्स में प्रमुख वक्ता की भूमिका निभाते हैं।

मिशिगन बिज़नेस स्कूल के पूर्व प्रोग्राम डायरेक्टर टॉम आपके सम्मेलन में गहराई और व्यापकता लाते हैं। कंपनी संस्थापक और पूर्व सीईओ होने के नाते वे अनुभव से जानते हैं कि किसी कंपनी का विस्तार करने के लिए किन चीज़ों की ज़रूरत होती है। टॉम ने स्वास्थ्य सुविधा क्षेत्र में एक सेवा कंपनी शुरू की और इसमें 300 अस्पतालों तथा अधिकतर फ़ॉर्च्यून 500 कंपनियों की सेवा कर रहे 1,200 निर्देशकों का नेटवर्क बना लिया। इन प्रोग्राम्स में 10 लाख से ज़्यादा प्रतिभागी शामिल हुए और दो अलग-अलग सर्जन जनरल की रिपोर्ट्स कंपनी के प्रोग्राम की गुणवत्ता का उल्लेख करती हैं। टॉम जानते हैं कि व्यवसाय की असली दुनिया में रहना कैसा होता है, क्योंकि वे वहाँ रह चुके हैं।

टॉम बहुत से लेखों और दस पुस्तकों के बेस्टसेलिंग लेखक हैं। वे चार प्रबंधन और मानव संसाधन पत्रिकाओं के संपादकीय संचालक भी रहे हैं। टॉम अपनी प्रस्तुतियों में ठोस सामग्री और जोशीली वक्तृत्व शैली लाते हैं। वे श्रोताओं का ध्यान जकड़ लेते हैं और इसे शुरू से अंत तक क़ायम रखते हैं।

सेलिंग पॉवर पत्रिका ने उन्हें सात "कठोर और खरी बातें" बोलने वाले मुख्य वक्ताओं में से एक नामांकित किया।

चूँकि उनके व्याख्यान कारगर विचारों से भरे होते हैं, इसलिए टॉम के व्याख्यान सुनकर जाने वाले हर व्यक्ति के पास व्यावहारिक कैसे-करें विचार होते हैं, जिन पर वे तत्काल अमल कर सकते हैं।

टॉम के शेड्यूल और उपलब्धता संबंधी जानकारी के लिए 734-428-1580 पर फ़ोन करें, www.tomconnellan.com पर जाएँ या 1163 साउथ मेन स्ट्रीट, स्यूट 306, चेलसी, एमआई 48118 पर पत्राचार करें।

आभार

हर लेखक कहता है, "मैं यह काम अकेले नहीं कर सकता था," और हर लेखक, जिसका दिमाग़ सही जगह पर है, सचमुच ऐसा ही सोचता है, क्योंकि यहाँ हमें उन लोगों को धन्यवाद देने का अवसर मिलता है, जिन्होंने हमारी पुस्तक में योगदान दिया। मेरे लिए यह हमेशा एक मुश्किल काम होता है, क्योंकि इतने सारे लोग होते हैं कि मुझे हमेशा चिंता होती है कि कहीं किसी का नाम छूट न जाए।

तो यह रहा।

स्वेतलाना इवानोवा, एम.डी., पीएच.डी., कीर्ति कालिदास, एम.डी., एन.डी., पॉला नोआक, एल.एम., सी.टी. और डेविड रीफ़स्नाइडर, एम.डी. - इन सभी ने संपूर्णात्मक चिकित्सा के प्रति अपनी ठोस नीति के ज़रिये इस पुस्तक को अपने हृदय से उर्जान्वित किया। आपमें से प्रत्येक को धन्यवाद।

मेरी प्रोग्राम मैनेजर कैरन रेविल ने मेरे ऑफ़िस को सुचारू रूप से चलाए रखा, इस तथ्य के बावजूद कि जब मैं लिख रहा होता हूँ, तो मुझे सही दिशा में चलाए रखना बिल्लियों के झुंड को किसी दिशा में ले जाने के समान होता है। आपको धन्यवाद, कैरन।

कोडी कैनेडी और ज्यसी डॉड ने लगभग हर शब्द के लिए समर्थन और मार्गदर्शन प्रदान किया। जब भी मुझे किसी वाक्यांश या शब्द पर उनके मार्गदर्शन की ज़रूरत पड़ी, वे लगभग किसी भी दिन किसी भी समय उपलब्ध रहे। कोडी और ज्यसी, आपको धन्यवाद!

मेरी उत्कृष्ट संपादक वैनेसा मिकॉन ने इस पुस्तक के शब्दों को विकसित करने, संपादित करने, इकट्ठा करने और ले-आउट करने का बेहतरीन काम किया। उन्होंने मेरे भीतर ऐसे शब्द खोज लिए, जो मैं जानता भी नहीं था कि मेरे अंदर छिपे थे। किसी भी तरह की कमी मेरी ज़िम्मेदारी है और स्पष्टता उनका काम है। आपको धन्यवाद, वैनेसा।

1106 डिज़ाइन की मिशेल डीफ़िलिप्पो ने आवरण-पत्र पर बेहतरीन काम किया। मिशेल और उनकी पूरी टीम को विशेष धन्यवाद। आपको धन्यवाद, मिशेल।

एमी कॉलिन्स मैकग्रेगर और बेथनी ब्राउन का पुस्तक उद्योग संबंधी गहन अनुभव और मार्केटिंग ज्ञान अमूल्य साबित हुआ। उन्हें और द कैडेंस ग्रुप की पूरी टीम को इस पुस्तक में कई योगदान देने के लिए धन्यवाद। एमी और बेथनी, आपको धन्यवाद।

और अंत में, मेरी धैर्यवान पत्नी पैम डॉड को धन्यवाद, जिन्होंने इस पुस्तक को एकीकृत करने की ज़िम्मेदारी उठाई। उन्हें मेरा धन्यवाद, प्रेम और प्रशंसा। आपको धन्यवाद, पैम।

डॉ. सुधीर दीक्षित *टाइम मैनेजमेंट, सफलता के सूत्र, 101 मशहूर ब्रांड्स* और *अमीरों के पाँच नियम* सहित सात लोकप्रिय पुस्तकों के लेखक हैं, जिनमें से कुछ के मराठी व गुजराती भाषाओं में अनुवाद हो चुके हैं। इसके अलावा उन्होंने हैरी पॉटर सीरीज़, चिकन सूप सीरीज़ तथा मिल्स ऐंड बून सीरीज़ सहित 150 से भी अधिक अंतर्राष्ट्रीय बेस्टसेलर्स का हिंदी अनुवाद किया है, जिनमें रॉन्डा बर्न, डेल कारनेगी, नॉर्मन विन्सेन्ट पील, स्टीफ़न कवी, रॉबर्ट कियोसाकी, जोसेफ़ मर्फ़ी, ब्रायन ट्रेसी आदि बेस्टसेलिंग लेखक शामिल हैं। उन्होंने मशहूर भारतीय क्रिकेट खिलाड़ी सचिन तेंदुलकर की आत्मकथा का हिंदी अनुवाद भी किया है।

हिन्दी साहित्य और अँग्रेजी साहित्य में स्नातक की उपाधि प्राप्त करने वाले डॉ. दीक्षित अँग्रेजी साहित्य में एम.ए. तथा पीएच.डी. भी हैं। उनकी साहित्यिक अभिरुचि की शुरुआत हिंदी जासूसी उपन्यासों से हुई, जिसके बाद उन्होंने अँग्रेजी के सभी उपलब्ध जासूसी उपन्यास पढ़े। कॉलेज के दिनों में डेल कारनेगी की पुस्तकों का उन पर गहरा प्रभाव पड़ा। कॉलेज की शिक्षा पूरी करने के बाद डॉ. दीक्षित ने *दैनिक भास्कर, नई दुनिया, फ़्री प्रेस जर्नल, क्रॉनिकल, नैशनल मेल* आदि समाचार पत्रों में कला, नाटक एवं फ़िल्म समीक्षक के रूप में शौकिया पत्रकारिता की। उन्हें म.प्र. फ़िल्म विकास निगम द्वारा फ़िल्म समीक्षा के लिए पुरस्कृत भी किया गया। चेतन भगत और डैन ब्राउन उनके प्रिय लेखक हैं। डॉ. दीक्षित को पाठक sdixit123@gmail.com पर फ़ीडबैक प्रदान कर सकते हैं।